我国商业银行资产管理业务的
发展趋势与生态环境研究

The Research on Ecological Environment and Development Trend of the
Asset Management Business of Commercial Banks in China

姚　良　著

经济管理出版社
ECONOMY & MANAGEMENT PUBLISHING HOUSE

图书在版编目（CIP）数据

我国商业银行资产管理业务的发展趋势与生态环境研究/姚良著. —北京：经济管理出版社，2017.1

ISBN 978-7-5096-4671-7

Ⅰ.①我… Ⅱ.①姚… Ⅲ.①商业银行—资产管理—研究—中国 Ⅳ.①F832.33

中国版本图书馆 CIP 数据核字（2016）第 241868 号

组稿编辑：宋　娜

责任编辑：胡　茜

责任印制：黄章平

责任校对：张　青

出版发行：经济管理出版社

　　　　　（北京市海淀区北蜂窝 8 号中雅大厦 A 座 11 层　100038）

网　　址：www. E-mp. com. cn

电　　话：(010) 51915602

印　　刷：三河市延风印装有限公司

经　　销：新华书店

开　　本：720mm×1000mm/16

印　　张：12.25

字　　数：163 千字

版　　次：2017 年 1 月第 1 版　　2017 年 1 月第 1 次印刷

书　　号：ISBN 978-7-5096-4671-7

定　　价：78.00 元

第五批《中国社会科学博士后文库》
编委会及编辑部成员名单

（一）编委会

主　任：王京清

副主任：马　援　　张冠梓　　俞家栋　　夏文峰

秘书长：张国春　　邱春雷　　刘连军

成　员（按姓氏笔画排序）：

卜宪群	方　勇	王　巍	王利明	王国刚	王建朗	邓纯东
史　丹	刘　伟	刘丹青	孙壮志	朱光磊	吴白乙	吴振武
张　翼	张车伟	张世贤	张宇燕	张伯里	张星星	张顺洪
李　平	李　林	李永全	李向阳	李国强	杨　光	杨　忠
陆建德	陈众议	陈泽宪	陈春声	卓新平	房　宁	罗卫东
郑秉文	赵天晓	赵剑英	高　洪	高培勇	曹卫东	曹宏举
黄　平	朝戈金	谢地坤	谢红星	谢寿光	谢维和	裴长洪
潘家华	冀祥德	魏后凯				

（二）编辑部 (按姓氏笔画排序)：

主　任：张国春（兼）

副主任：刘丹华　　曲建君　　李晓琳　　陈　颖　　薛万里

成　员：

王　芳	王　琪	刘　杰	孙大伟	宋　娜	苑淑娅	姚冬梅
郝　丽	梅　枚	章　瑾				

本书系中国博士后科学基金项目（2013M530812）与中国博士后基金第八批特别资助（2015T80170）的最终成果，并受国家自然科学基金项目（71333007）、广东产业发展与粤港澳台区域合作研究中心的资助。

序 言

博士后制度在我国落地生根已逾30年，已经成为国家人才体系建设中的重要一环。30多年来，博士后制度对推动我国人事人才体制机制改革、促进科技创新和经济社会发展发挥了重要的作用，也培养了一批国家急需的高层次创新型人才。

自1986年1月开始招收第一名博士后研究人员起，截至目前，国家已累计招收14万余名博士后研究人员，已经出站的博士后大多成为各领域的科研骨干和学术带头人。其中，已有50余位博士后当选两院院士；众多博士后入选各类人才计划，其中，国家百千万人才工程年入选率达34.36%，国家杰出青年科学基金入选率平均达21.04%，教育部"长江学者"入选率平均达10%左右。

2015年底，国务院办公厅出台《关于改革完善博士后制度的意见》，要求各地各部门各设站单位按照党中央、国务院决策部署，牢固树立并切实贯彻创新、协调、绿色、开放、共享的发展理念，深入实施创新驱动发展战略和人才优先发展战略，完善体制机制，健全服务体系，推动博士后事业科学发展。这为我国博士后事业的进一步发展指明了方向，也为哲学社会科学领域博士后工作提出了新的研究方向。

习近平总书记在2016年5月17日全国哲学社会科学工作座谈会上发表重要讲话指出：一个国家的发展水平，既取决于自然科学发展水平，也取决于哲学社会科学发展水平。一个没有发达的自然科学的国家不可能走在世界前列，一个没有繁荣的哲学社会科学的国家也不可能走在世界前列。坚持和发展中国特色社会主义，需要不断在实践和理论上进行探索、用发展着的理论指导发展着的实践。在这个过程中，哲学社会科学具有不可替代的重要地位，哲学社会科学工作者具有不可替代的重要作用。这是党和国家领导人对包括哲学社会科学博士后在内的所有哲学社会科学领域的研究者、工作者提出的殷切希望！

中国社会科学院是中央直属的国家哲学社会科学研究机构，在哲学社会科学博士后工作领域处于领军地位。为充分调动哲学社会科学博士后研究人员科研创新的积极性，展示哲学社会科学领域博士后的优秀成果，提高我国哲学社会科学发展的整体水平，中国社会科学院和全国博士后管理委员会于2012年联合推出了《中国社会科学博士后文库》（以下简称《文库》），每年在全国范围内择优出版博士后成果。经过多年的发展，《文库》已经成为集中、系统、全面反映我国哲学社会科学博士后优秀成果的高端学术平台，学术影响力和社会影响力逐年提高。

下一步，做好哲学社会科学博士后工作，做好《文库》工作，要认真学习领会习近平总书记系列重要讲话精神，自觉肩负起新的时代使命，锐意创新、发奋进取。为此，需做到：

第一，始终坚持马克思主义的指导地位。哲学社会科学研究离不开正确的世界观、方法论的指导。习近平总书记深刻指出：坚持以马克思主义为指导，是当代中国哲学社会科学区别于其他哲学社会科学的根本标志，必须旗帜鲜明加以坚持。马克思主义揭示了事物的本质、内在联系及发展规律，是"伟大的认识工具"，是人们观察世界、分析问题的有力思想武器。马克思主义尽管诞生在一个半多世纪之前，但在当今时代，马克思主义与新的时代实践结合起来，愈来愈显示出更加强大的生命力。哲学社会科学博士后研究人员应该更加自觉地坚持马克思主义在科研工作中的指导地位，继续推进马克思主义中国化、时代化、大众化，继续发展 21 世纪马克思主义、当代中国马克思主义。要继续把《文库》建设成为马克思主义中国化最新理论成果宣传、展示、交流的平台，为中国特色社会主义建设提供强有力的理论支撑。

第二，逐步树立智库意识和品牌意识。哲学社会科学肩负着回答时代命题、规划未来道路的使命。当前中央对哲学社会科学愈发重视，尤其是提出要发挥哲学社会科学在治国理政、提高改革决策水平、推进国家治理体系和治理能力现代化中的作用。从 2015 年开始，中央已启动了国家高端智库的建设，这对哲学社会科学博士后工作提出了更高的针对性要求，也为哲学社会科学博士后研究提供了更为广阔的应用空间。《文库》依托中国社会科学院，面向全国哲学社会科学领域博士后科研流动站、工作站的博士后征集优秀成果，入选出版的著作也代表了哲学社会科学博士后最高的学术研究水平。因此，要善于把中国社会科学院服务党和国家决策的大智库功能与《文库》的小智库功能结合起来，进而以智库意识推动品牌意识建设，最终树立《文库》的智库意识和品牌意识。

第三，积极推动中国特色哲学社会科学学术体系和话语体系建设。改革开放 30 多年来，我国在经济建设、政治建设、文化建设、社会建设、生态文明建设和党的建设各个领域都取得了举世瞩目的成就，比历史上任何时期都更接近中华民族伟大复兴的目标。但正如习近平总书记所指出的那样：在解读中国实践、构建中国理论上，我们应该最有发言权，但实际上我国哲学社会科学在国际上的声音还比较小，还处于有理说不出、说了传不开的境地。这里问题的实质，就是中国特色、中国特质的哲学社会科学学术体系和话语体系的缺失和建设问题。具有中国特色、中国特质的学术体系和话语体系必然是由具有中国特色、中国特质的概念、范畴和学科等组成。这一切不是凭空想象得来的，而是在中国化的马克思主义指导下，在参考我们民族特质、历史智慧的基础上再创造出来的。在这一过程中，积极吸纳儒、释、道、墨、名、法、农、杂、兵等各家学说的精髓，无疑是保持中国特色、中国特质的重要保证。换言之，不能站在历史、文化虚无主义立场搞研究。要通过《文库》积极引导哲学社会科学博士后研究人员：一方面，要积极吸收古今中外各种学术资源，坚持古为今用、洋为中用。另一方面，要以中国自己的实践为研究定位，围绕中国自己的问题，坚持问题导向，努力探索具备中国特色、中国特质的概念、范畴与理论体系，在体现继承性和民族性，体现原创性和时代性，体现系统性和专业性方面，不断加强和深化中国特色学术体系和话语体系建设。

新形势下，我国哲学社会科学地位更加重要、任务更加繁重。衷心希望广大哲学社会科学博士后工作者和博士后们，以《文库》系列著作的出版为契机，以习近平总书记在全国哲学社会科学座谈会上的讲话为根本遵循，将自身的研究工作与时代的需求结合起来，将自身的研究工作与国家和人民的召唤结合起来，以深厚的学识修养赢得尊重，以高尚的人格魅力引领风气，在为祖国、为人民立德立功立言中，在实现中华民族伟大复兴中国梦征程中，成就自我、实现价值。

是为序。

中国社会科学院副院长
中国社会科学院博士后管理委员会主任
2016 年 12 月 1 日

摘　要

　　随着近30年经济快速增长，财富累积效应的扩大催生了庞大的资产管理市场。在"大资管"的格局下，商业银行凭借资金、资源和渠道等优势，迅速发展成为中国资产管理行业最重要的市场主体之一。未来中国经济的持续发展和金融改革的深入推进，将为银行资产管理业务带来更为广阔的发展空间。可以说，银行资产管理业务发展状况将对整体金融体系稳健发展产生举足轻重的影响。

　　但是，当前银行资产管理业务在发展中既受到管理不透明、创新不足、风险控制薄弱等内部因素约束，也受到法律、监管、市场及基础配套制度等外部环境制约，亟须通过改进内部管理和优化外部环境来为资管业务健康有序发展保驾护航。本书试图探讨在内外部多种因素共同作用下，未来银行资产管理的发展趋势，借此厘清发展思路，并提出优化改进外部生态环境的政策建议。

　　基于上述研究目的，本书的研究内容围绕以下四个部分展开。第一部分是关于资产管理业务的理论基础和相关文献的回顾与评述，并由此发掘待拓展的研究空间，提出本书的研究设想，构建逻辑框架。第二部分是关于商业银行资产管理业务未来趋势的探讨。该部分从宏观经济形势、资产管理需求和市场竞争格局三个方面分析资产管理业务面临的新背景，归纳出银行资产管理业务的"五化"趋势，提出互联网金融与资产管理业务相结合的3.0发展模式。第三部分对银行资产管理业务的生态环境进行研究。该部分对构成行业"生态圈"的法律、监管、市场及金融基础设施"四大"外部环境现状及问题进行分析，对国外行业环境的状况进行简要比较，就当前外部环境存在的多方面问题有针对性地提出优化改进建议。第四部分是结论和研究展望。

通过研究，本书主要得出如下结论：银行资产管理业务呈现业务定位本源化、产品类型净值化、投资品种大类化、盈利模式非利差化和组织架构独立化"五化"趋势；应当从"四大"环境要素入手，构建健康有序的商业银行资产管理行业"生态圈"；互联网背景下，资产管理业务发展进入 3.0 时代，商业银行应当积极转变资产管理业务发展模式和途径。

关键词： 商业银行；资产管理；发展趋势；生态环境

Abstract

With the rapid growth of the economy in recent 30 years, the enlarged effect of wealth accumulation has expedited massive asset management market. In the landscape of Integrated Asset Management, the commercial banks have developed quickly and become the one of the most important forces in China asset management industry by leveraging their capital, resources and channels. The continuous development of the economy and further in-depth financial reform will provide more broader room for bank's development in asset management business. It may say that the status of banking asset management business would be imperative to the stability and development of the entire financial system.

However, the development of banking asset management business has been restrained by some internal factors, such as opaque management, insufficient innovation and weak risk control etc., as well as constrained by some external factors like law, supervision, market and infrastructure etc. It is in urgent demand for enhancement of internal management and external environment to ensure the healthy and orderly development of asset management business. The Book attempts to explore the trend of banking asset management business under the joint push by internal and external factors, streamline the development strategies and thoughts, and provide the policy proposals on improvement of external eco-environment.

In summary, the Book makes analysis with focus on the following 4 parts, the first part is the overview and commentary of related theoretic basis and literature on asset management, which provides the grounds for the room of further study, the research proposal and the research logical framework; the second part is the discussion and study on the trend of banking asset management business, which analysizes the new background from the perspective of macro economy, demand for asset management and market competitive landscape, proposes 5 trends of banking asset management business, and Module 3.0 of integration of internet finance with asset management; the third part is the research on eco−environment of banking asset management business. It analysizes the 4 big environment situations and problems, including law, supervision, market and infrastructure, which constitute the industry ecosystem. With comparison of foreign asset management industry, it proposes the improvement suggestions specifically addressing the problems of the current external environment. The fourth part is the conclusion and research prospects.

Based on the study, the Book has the following main conclusions: the banking asset management business has 5 characterized trends, including asset management business back to its original purpose, net pricing products, categorized portfolio investment, less − dependence on interest spread/gap, and business conduction through independent subsidiary. It should construct a healthy and orderly banking asset management industry ecosphere through 4 environm − ental factors. Under the circumstance of internet finance, asset management business has entered into Module 3.0, the commercial banks should proactively change development patterns and approaches aggressively.

Key Words: Commercial Banks; Asset Management; Ecological Environment; Operating Synergy

目　录

Contents

Contents

第一章 绪 论

第一节 研究背景

一般来说，银行的"资产管理[①]"有三种含义：其一是银行资金运用管理，即信贷、投资、同业融资等银行资产业务的统称；其二是银行固定资产管理，即对银行各类实物财产的配置与保全；其三是银行的资产管理业务，即银行按照约定的方式、条件、要求及限制，对客户资产进行经营运作，为客户提供证券及其他金融产品的投资管理服务的行为，也称作理财业务。若无特别说明，本书中商业银行资产管理特指第三个含义，也即聚焦于银行代客理财业务领域，是一个相对狭义的概念。

一、全球资产管理业务发展概况

资产管理业务最早起源于 18 世纪的欧洲。工业革命后，瑞士的金融机构开始向客户提供一些具有资产管理业务雏形的服务。现代意义上的资

---

① 资产管理可简称"资管"，本书后文提到的"资管"均指资产管理。

产管理业务则是第二次世界大战之后从美国发展起来的，经济复苏发展和投资需求增加成为资产管理业务发展的重要动力。进入 20 世纪 90 年代以后，在金融市场交易规模迅速扩大、各类金融工具持续创新、政府管制陆续放松、客户需求日益增长且多元化等一系列因素的共同推动下，全球资产管理业务进入了一个全新的发展阶段，并成为现代金融体系中的重要组成部分。经过最近 20 年的快速发展，资产管理业务已经成为全球金融体系中创新能力最强、活跃程度最高、盈利能力最佳的金融子行业。

1999 年，美国政府颁布《金融服务现代化法案》（*Gramm-Leach-Bliley Act*），为商业银行参与资产管理业务扫除了监管障碍。美国商业银行通过提供丰富的理财产品、有竞争力的产品价格满足了美国社会各阶层投资理财需求，极大地增强了美国商业银行在资产管理市场上的竞争力。

截至 2014 年底，全球资产管理规模已达到 74 万亿美元，其中，美国资管规模占据了近半壁江山，达 34 万亿美元，欧洲 19.3 万亿美元。按照管理资产规模（AUM）排名在前 20 位的机构中，具有银行背景的机构近一半，代客管理的资产规模已远远超过其自身的资产规模，其中不乏 JP 摩根银行、汇丰银行、瑞士银行等全球一线商业银行，可见，商业银行在全球资产管理市场中占据重要地位。

二、中国商业银行资产管理业务发展状况

中国商业银行资产管理业务是在利率管制、金融脱媒、分业监管的环境下逐步发展起来的一项具有金融创新性质的业务。从宏观角度看，资产管理业务可以推动经济结构转型、加速金融体制改革、改善社会融资结构；从中观角度看，资产管理业务可以推动银行业经营模式转型，构建银行业的新型盈利模式，增强银行业经营的稳健性；从微观角度看，资产管理业务一方面可以满足客户投资和财富管理的需求，另一方面可以保证银

行向客户提供多样化的融资服务，提高社会资金的流动效率。因此，资管业务具有与银行传统业务完全不同的功能定位、运作规律和风险管理方式。

1. 我国银行资产管理业务蓬勃发展及其动因

我国银行资产管理业务的起步和发展具有鲜明的本土特色和时代特征。30 多年改革开放所带来的经济增长导致居民财富持续增加，居民的投资理财意识不断增强，这是银行资产管理业务发展的原动力，金融改革深化发展为银行资产管理业务提供了良好的发展契机，商业银行经营转型和保持盈利增长则成为推动银行资产管理业务发展的直接推手。

自 2004 年我国商业银行发行了首款人民币理财产品以来，我国银行资产管理业务从无到有、从小到大，走过了 11 年的历程，实现了跨越式发展。截至 2014 年底，我国资产管理规模已达 58 万亿元，其中，银行理财规模 15 万亿元、信托 13 万亿元，保险业 9 万亿元，证券业 8 万亿元，公募基金 11 万亿元，私募基金 2 万亿元。如果剔除通道业务的重复计算数，我国资产管理行业的实际规模在 37 万亿元左右[①]。商业银行作为国内资产管理市场重要的参与者，其资产管理业务已经成为国内资产管理市场业务规模最大、客户数量最多、产品类型最丰富、品牌信赖度最强的业务类型。银行资管业务大规模发展的主要原因在于：

（1）居民财富配置逐渐由不动产转向金融资产。30 多年改革开放的红利，使居民可支配收入不断增长，财富持续积累，因家庭资产配置结构相对保守，在房地产市场出现拐点后，对通过资产管理投资金融产品实现保值增值的需求空间巨大。

（2）为规避监管限制，银行资管业务逐步表外化。在利率市场化和金融脱媒的催动下，在金融抑制与监管博弈的背景下，为规避存款准备金、

---

① 数据来源于智信资产管理研究院，根据公开资料整理。

贷款规模控制、存贷比要求、资本充足率、存贷款利率等监管红线的限制，银行将资管业务转移至表外，通过高于银行存款的收益率发行理财产品吸收居民和企业的资金，并按高于贷款利率的收益回报要求投向非标债权资产等类固定收益项目，实现了对银行表内存款和贷款的替代，并借银信、银证、银基的通道完成投融资的对接，从而使得银行资管业务不仅获得了快速增长，而且支持了难以从银行获得贷款融资支持的实体经济的发展。

（3）资本约束促使银行向"轻资本"业务转型。当前，我国经济已进入三期叠加的时期，即增长速度进入换挡期、结构调整面临阵痛期、前期刺激政策处于消化期，随着经济下行、产能过剩、宏观债务水平持续上升，在利率市场化的推进下，银行存贷款利差不断缩小，商业银行面临着巨大的转型压力，迫切需要从以传统的存贷款业务为主转向拓展中间业务、不占用或少占用资本的业务。资产管理业务正是由于其"轻资本"的特性，成为银行增长模式由粗放式的资产规模扩张型向集约式的资本节约型转变的重要途径。随着新资本管理办法的实施，商业银行资本补充压力越来越大，在依靠内部利润增长方式补充资本的速度放缓及通过资本市场再融资愈加困难的情况下，发展资产管理业务已成为商业银行主动调整经营战略的重要着力点。

（4）商业银行具有其他金融业态所无法企及的资金、资源和渠道等优势。首先，银行具有得天独厚的客户资源优势，不仅广泛吸收机构、个人客户的存款，银行贷款也是机构和个人取得融资的主要来源，这是其他类型金融机构所难以比拟的。从目前各种资产管理产品的销售渠道来看，银行仍是最主要的渠道，销售占比在60%~70%以上，而绝大多数客户也来自银行。其次，与其他金融机构相比，银行因为背后有国家信誉的支持，较其他非银行金融机构来说，发展资产管理业务具有声誉方面的优势。最后，在获得资金和项目储备方面，银行也具有比其他非银行金融机构更多的资源。可以说，银行凭借其投融资两端客户群体庞大、信用风险管理能力强等优势，通过创设金融产品和新的业务模式开展资产管理业务，顺应了金融脱媒的大趋势，推动银行从以间接融资模式为主逐渐转向以直接融资和间接融资并举为主，将给银行未来业务模式与盈利模式带来重要变化。

（5）资产管理业务对于提高银行综合化经营深度、充分发挥规模经济和范围经济效应具有重要意义。综合化经营的意义在于多元化收入来源和提高综合竞争力，而其核心应是以客户需求为导向，通过为客户提供不断创新的综合化金融产品，来提升商业银行的综合竞争力。简言之，是要通过综合化经营来提高对客户的服务能力。为应对激烈的市场竞争和互联网金融的快速发展，通过拥有金融全牌照向客户提供综合金融服务已成为各商业银行的共识。但从目前情况看，国内已有的混业经营金融控股集团，还远未实现集团内全面系统的综合化经营。由于分业监管的要求，银行、证券、保险、信托、基金等业务分别在一个集团下设的不同子公司开展，客户信息、客户营销、客户维护以及产品开发等，基本都处于分割状态，业务交叉较少，业务协同也处于较低层次。当然，在集团旗下各金融机构都有其核心客户和主营业务，在相互独立的情况下，现实的做法是，以对综合化深度要求较高的业务作为抓手，以这些业务的发展，来推动相关的整合，逐步从单个业务层面上升到各金融机构的整体战略层面。资产管理业务就是比较符合这种要求的业务，一是因为其综合性，不仅涉及银行内部的诸多环节（从分行到总行、从负债到资产等），实现表内外联动、投融资一揽子方案，还涉及与银行以外的其他机构之间的合作，是一个较好的整合路径；二是因为其是新兴业务，涉及的存量部分相对较小，调整起来相对容易。

2.当前银行发展资管业务面临的突出问题和挑战

由于市场对不断增长的财富保值增值的强烈需求，在长期的金融抑制和分业监管存在的监管真空下，资管行业以一种"非正常"的方式高速发展，其中暴露出来的刚性兑付、监管套利、黑箱运作等诸多问题，被社会各界质疑和诟病。

（1）畸形的"刚性兑付"弱化了市场约束机制，扭曲了资产管理行业的基本逻辑。投资者对银行理财产品的认识还停留在"银行存款只赚不赔"的阶段，普遍将理财产品视为利率市场化背景下的存款替代品，无论是否保本，银行提供的理财产品预期收益率都是无风险收益率，银行承担了隐性担保，无论出现什么问题，银行都将刚性兑付。实践中，基于这一根本原因，银行基本上都按照预期收益率向客户支付收益，即使没有达到预期收益率，银行往往也以自有资金贴补客户收益。这种隐性担保既违背了风险与收益匹配的原则，也误导了市场。其危害性在于：首先，导致行业不重视投资管理的过程；其次，导致行业只重视产品销售的能力，而不注重投资能力的培养；再次，扭曲了银行与客户之间的委托—代理关系，刚性兑付实际上增加了市场的成本；最后，在刚性兑付之下，银行风险管理能力的建设完全滞后，只是简单粗放地一兑了事，不仅扭曲和弱化了市场约束机制，也不利于分散金融体系的系统性风险。当前资管规模与银行存款体量相当，如刚性兑付问题不解决，资管行业累积的风险一旦爆发，可能会出现系统性、区域性金融风险，最终甚至会影响到社会稳定。

（2）银行准信贷资管业务借助非银行金融机构通道，构成影子银行的组成部分，导致传导信号失灵，存在系统性风险。所谓准信贷，是指以非标债权资产①、信托收益权转让、股权投资加回购等权益资产为标的的债权融资。实践中，直接融资和信贷匮乏的双约束催生了准信贷类资产管理业务。在准信贷类资产管理业务中，信托公司、证券公司、基金公司、基金子公司等非银行金融机构，往往为商业银行实现资产出表、降低资本消

---

① 非标债权资产是指未在银行间市场及证券交易所市场交易的债权性资产，包括但不限于信贷资产、信托贷款、委托债权、承兑汇票、信用证应收账款、各类受（收）益权、附回购条款的股权性融资等。

耗、规避贷存比例约束等目的提供通道便利。准信贷的借款人往往是商业银行的客户,信托公司、证券公司、基金公司只负责按合同将银行的理财计划资金出借给借款人,成为形式上的债权人,银行负责包括尽职调查在内的各项风险控制及贷后管理。对于通道式业务,在法律上很难明确商业银行与非银行金融机构之间的责任关系,一旦形成不良资产,由谁负责清偿债务存在模糊边界,很容易发生纠纷。这种准信贷通过金融创新的形式为难以取得银行贷款的借款人获得资金,成为影子银行的一部分,发挥着类似于商业银行的期限转换、流动性转换、信用转换等基本功能,在一定程度上满足了资金供求双方的多样化需求,但商业银行开展这类业务,无疑在增加杠杆,放大信贷风险。这种准信贷进入房地产市场和地方政府投融资平台等领域,在经济繁荣时,将推高资产价格,影子银行在享受高额利润的同时进一步加大了杠杆,风险敞口不断增加,埋下风险隐患;在经济萧条时,资金如果迅速从影子银行体系撤离,会引发资产价格快速下跌,影子银行将出现资金链断裂,并引发连锁反应。当前在经济运行面临一定下行压力的情况下,由于表外资管业务不受资本约束和监管,各领域的运行风险向影子银行体系过度集中,增大了金融风险跨领域传染的可能性和危害程度,导致宏观调控信号的传导失灵,给金融体系的平稳运行带来巨大的潜在风险。

(3)银行资管普遍通过资金池—资产池的管理方式缓解期限错配的风险爆发,存在庞氏骗局的风险。银行中普遍存在以短期资金配置长期项目的资产管理业务。在同质化竞争的业务格局下,银行资管经常推出收益水平明显超过融资成本+无风险利率+风险溢价之和的产品,导致的连锁反应是:高利率理财产品—利差缩小—净利息收益率下降—提高资产端收益水平—风险偏好改变—信用风险增加。如果前端理财成本增加,长期来看,就很可能迫使商业银行改变风险偏好,投资更激进的行业和市场(再加上银行短期考核的驱动,基层单位选择逐利的行为模式),以承担更多的信用风险来维持利润增长。2013 年发生的钱荒，实际上就是房地产、过剩产能行业、政府融资平台等所代表的"非标准化债权资产"数量的迅猛增长，引发对短期资金的强烈需求，导致银行理财资金端的成本持续上升（直至 2013 年银监会出台 8 号文对非标规模和比例加以限制）。在激烈的资金端竞争中，各种违规承诺保本保收益行为层出不穷。在刚性兑付的压力之下，为实现超高收益率，除将资金投向高风险领域外，银行资管业务采取资金池对应资产池的管理方式，即"滚动发售、集合运作、期限错配、分离定价"的运作模式，资金端通过滚动发售吸收不同期限和成本的资金，形成持续的资金流入，搭建虚拟的"资金池"，然后资产端集合债券、货币市场工具、存款和非标债权、信托计划等多种类型、不同风险的金融资产，分散化投资，形成资产组合，搭建虚拟的"资产池"。通过期限错配等手段实现资金和资产之间的匹配，实现银行资产和负债的双重表外化。这种黑箱运作，导致每个理财计划不单独核算收益，信息不透明，权责不明确，迫使银行资管业务只能依靠不断发行新的理财计划来应对过往理财计划投资人获取收益和本金的要求，一旦资产端长期项目的高收益不可持续，银行的信贷风险和流动性风险势必加大，也就会出现庞氏骗局的风险。

（4）分业监管存在诸多真空地带，金融机构之间风险交叉感染，存在系统性风险。在目前金融行业分业监管的格局下，不同监管部门对监管范围内的机构和业务进行监管。由于缺乏监管协调，不同机构和业务的监管存在较大的不一致性，带来了巨大的监管套利空间。银行、信托、证券、保险、基金等金融机构的理财业务由于监管的主管部门不同，审批、发行、信息披露的标准不一，这种监管标准的差异、监管带来的合规成本过高是影子银行进行监管套利的内生动力。例如，当前券商和基金公司资产管理业务与银行体系、信托类金融机构的资产管理业务监管要求的松紧差异，导致各金融机构在资管业务上的竞争出现无序倾向，不仅抬高了资金端的价格，增加了整个资管行业运营成本，也间接提高了社会融资成本，而且非银行金融机构通过出借通道帮助银行规避监管，导致信用风险、流动性风险、市场风险在不同子行业的金融机构之间传导并交叉感染。在现有的会计和法律框架下，影子银行的风险还不能被全面、有效地识别和监测，从而大大增加了监管和改革的难度，成为中国金融体系的风险隐患。2015年股灾中所暴露出来的信息不全面、监管不协调、措施不协同的问题十分突出，由过高杠杆配资引发的股市局部市场风险迅速传导到整个金融体系，高杠杆的后遗症至今仍在消化中。

展望未来，我国资产管理行业规模未来五年将会从现在的60万亿元增长到100万亿元以上。在快速增长的同时，资管行业也将经历深刻的转变：第一是理念转变，即从以产品为核心向以客户为核心转变，不仅要考虑融资方客户的需求，更要考虑投资方客户的需求；第二是模式转变，即资管投行化，不仅要考虑资金端，更要考虑资产端，使资产管理的投资与企业的基本经营活动更加紧密结合，为实体经济发展服务；第三是技术转变，包括结合移动互联网、大数据、云平台提升银行的IT资管系统；第四是投向转变，即从传统的债权投资向全市场资产配置转变，从静态流动性管理向动态流动性管理转变，从传统的固定收益产品向固定加浮动收益产品转变；第五是机制转变，资管行业是轻资产行业，轻资产行业靠的是人才和技术，只有建立市场化的激励机制，才能吸引高素质的专业人才。

第二节　研究目的与选题意义

基于上述背景，本书的研究目的在于：立足当前资产管理业务的基本格局，结合宏观经济形势、客户财富需求和市场竞争格局等方面的新变化，探讨未来商业银行资产管理业务的发展新趋势，并针对资产管理业务面临的金融生态环境问题，提出切实可行的优化改进建议。

通过研究，本书试图讨论如下问题：

（1）中国商业银行资产管理业务的现状是怎样的？未来一段时期宏观经济形势、居民财富管理需求和市场竞争格局将发生怎样的变化？外部环境的新变化将对银行资产管理业务总量、结构、发展方向、风险管控等各方面产生怎样的影响？

（2）互联网金融的出现，触发了银行资产管理的转型升级，在互联网思维下，银行的资产管理 3.0 时代将出现怎样的新模式？

（3）金融生态环境的变迁，是否与资产管理业务发展趋势相契合？存在哪些改进空间？优化改进的路径应当如何选择？

本书的选题意义主要有以下几点：

（1）提出互联网思维下的银行资管 3.0 时代，具有一定的实践价值。本书在对互联网金融资产管理业务的新特征以及面临的新挑战进行研究的基础上，提出互联网时代商业银行资产管理发展的应对新举措，对商业银行资管发展具有一定的实践指导意义。

（2）提出商业银行资产管理金融生态圈的概念，具有一定的理论价值。国内外对资产管理的研究浩如烟海，基于商业银行资产管理业务视角的研究也如雨后春笋般涌现。但根据笔者的文献检索，就银行资产管理业务发展环境、外部影响因素而言，前人的研究大都限于外部因素的某个具体方面，尚未讨论这些具体问题间的复杂作用关系，更未将其通过一个统一的理论框架有机地联系起来。因此，本书试图通过搭建金融生态环境的理论框架，将当前商业银行资产管理业务领域的若干问题有机地联系起来，系统阐述内外部的相互影响与作用，从而完善资产管理业务的理论研究，拓宽研究视角。

（3）探索优化银行资管业务金融生态圈的途径和方法，具有一定的现实意义。本书立足于法律、监管、市场及基础配套等外部环境存在的现实问题，有针对性地提出优化改进的政策建议，对于促进资产管理业务的良性发展、推动整体金融体系协调发展具有现实意义。

第三节　理论基础与文献综述

一、资产管理业务的相关理论基础

资产管理理论可以追溯到 20 世纪初。随着资产管理实践的发展，资产管理理论也得到了不断的修正和发展。本研究正是建立在这些理论研究和实践经验的基础之上。概括起来，与本研究直接相关的理论主要有：以有效市场假说、马科维茨（Markowitz，1952）现代资产组合理论为代表的资产管理的主流理论，与主流理论相对应的混沌理论，对主流理论挑战的对冲基金的研究，以及对资产管理理论在实践中扩展的风险理论和实践程序的研究。上述传统主流理论解释了为何会有资产管理行业的存在及其实现超额收益的原因，但对我国资产管理行业快速发展及其存在问题的根源尚无法做出充分合理的解释，而尼古拉斯（Nicholas，2013）的金融抑制论刻画了利率市场化过程中为何出现金融创新，理财产品兴起替代存款并助推利率市场化的进程。同时，尼古拉斯的监管博弈和监管套利理论解释了利率优势和监管优势的存在，导致存款向理财产品的转换。从银行微观角度看，银行与监管一直存在着序贯博弈（Sequential-Move Game），这一过程可以简化为银行与监管机构之间进行序贯决策的过程，即监管者与被监管者之间"道高一尺魔高一丈"的博弈。概括而言，资产组合理论、混沌理论、风险理论、金融中介理论、金融抑制论与利率市场化、博弈论等经济金融理论构成了本书最重要的理论背景。

1. 资产组合理论

该理论是由美国学者马科维茨提出的。该理论建立在有效市场假说的基础上，认为投资者是理性的，在面对两项期望收益相同但风险不同的投资时，投资者将选择风险较低的投资；或者，在风险程度相同时，投资者将选择预期收益较高的投资产品，并通过分散化投资即减少各投资产品之间的相关性来降低风险，依据自身的效用偏好在有效边界上选择最佳资产组合。资产组合理论还在一系列假设基础上建立了各种"线性"的和"连续"的资产定价模型，这些模型被广泛应用于资产管理实践。

2. 混沌理论

混沌理论打破了传统的市场价格变动呈线性的观点，运用物理学中的分形①（Fractual）和非线性②（Non-Liner）概念来研究市场机制，它认为，市场价格变动过程中存在很多临界点，而这些临界点构成了价格的分形，价格的变动不再是线性的，而是呈现非线性的特征。目前，混沌理论中比较系统的论著主要有 Edward Peters 的《资本市场混沌与秩序》，以及 Mantegna 和 Stanley 的 *An Introduction to Econophisics*。它们从剖析主流的资产管理理论所无法解释的现象入手，对传统的以线性假设为基础的资产管理理论和模型提出了质疑，为资产管理理论研究提供了新的思路和方法。

3. 风险理论

资产管理的精髓是对风险的管理，风险理论是资产管理理论的一个重

---

① 分形，即具有以非整数维形式充填空间的形态特征。通常被定义为"一个粗糙或零碎的几何形状，可以分成数个部分，且每一部分都（至少近似地）是整体缩小后的形状"，即具有自相似的性质。分形一词是芒德勃罗创造出来的，原具有不规则、支离破碎等意义。1973 年，曼德博（B.B. Mandelbrot）在法兰西学院讲课时，首次提出了分维和分形的设想。

② 非线性（Non-Linear），即变量之间的数学关系，不是直线而是曲线、曲面，或不确定的属性，叫非线性。非线性是自然界复杂性的典型性质之一；与线性相比，非线性更接近客观事物性质本身，是量化研究认识复杂知识的重要方法之一；凡是能用非线性描述的关系，通称非线性关系。

要内容。它阐述的是如何度量风险，如何根据风险资源和期望收益率来配置资产，以充分利用风险这一稀缺资源，实现较高的期望收益率。马科维茨用统计学的"方差"概念即随机变量的波动率来衡量风险，第一次引入了量化风险的概念。在这个基础上，其后的资本资产定价模型和套期定价理论进一步研究了如何根据风险数量来确定资产的价格，同时，各种收益/风险比率，如夏普比率、索狄罗比率、特瑞纳比率和信息比率等，也在风险度量的基础上将收益和风险结合起来，测算资产的风险调整收益，寻求收益与风险的平衡点。后来，J.P.摩根发展了风险价值的概念，把风险表述为一个具体的数值，即在未来一段时间内，在给定的概率下，也就是在一定的置信度或信心度下，可能发生的最大损失值。风险理论的最新发展是风险预算。风险预算是将风险经理的职责前移，由风险经理对整个资产组合可承受的风险做一定的预算，对各项资产的收益风险进行分析，并以此为依据，在一定的风险范围内，选择最优化的资产组合。

4. 金融中介理论

信息不对称是金融中介或银行产生的原因。传统的新古典观点中，Gurley 和 Shaw（1955）认为金融体系是存款者和投资人的资金中介，金融中介机构需要匹配资金的供给和需求，以便支持资本积累和实体经济发展。当市场不完全或不完备时，即偏离阿罗—德布鲁模型，金融中介的产生能够充当委托监控者（Delegated Monitors）进行帕累托改进（Diamond，1984，1986）。凯恩斯一派的观点则强调了金融市场流动性的创造作用，这一流动性的创造为投资提供便利。Davidson（2002）认为金融机构将流动性较差的资产转移为可流动的金融工具，便于投资者通过购买金融产品实现购买力的转移。银行资管业务的兴起，恰是通过理财产品匹配对接了资金需求者和资金供给者，起到了金融中介的作用。在连接投融资两端过程中，银行将一些流动性较差的资产，如房地产贷款、地方政府融资平台贷款等转换为流动性较强的理财产品，该产品最终由投资者购买，体现了银行资管业务作为影子银行的一部分，也发挥着流动性转换和风险转移的作用。

5. 金融抑制与利率市场化理论

利率管制在利率市场化之前普遍存在，监管者通过不断干预市场来维持期望的利率水平。美国学者尼古拉斯在分析货币市场共同基金的产生时，发现共同基金的产生主要源于美国 1929 年大危机后出台的相关法律，特别是 1933 年的《格拉斯—斯蒂格尔法案》（*Glass-Steagall Act*）中的 Q 条例，其允许美联储设置存款上限，并禁止向活期存款支付利息。这一做法的初衷是为了拉动投资和消费，防止经济大萧条的重演，但客观上助推了相对存款有更高收益的货币市场共同基金。实际上，美国 2008 年次贷危机后进行的量化宽松（QE）本质上也是对利率的控制。泰勒（Taylor，2013）的研究发现，人为压制的资金利率会将资金价格信号扭曲，导致储蓄不足，银行信贷减少，社会总需求下降。

与美国相似的是，我国的利率管制同样严格，且处于较低的水平。在金融抑制下，我国资金市场上的二元双轨制利率催生了金融创新。由于金融机构的存贷款利率并未完全放开，尤其是存款利率上限仍处于管制状态，这种利率双轨制的金融改革，深刻地影响着银行资产负债结构。为规避管制，银行转而创造金融创新产品，如银行理财产品替代了定期存款，为投资者提供具有流动性的短期投资工具，宏观调控周期频繁变化，《巴塞尔协议Ⅲ》的施行使银行资本监管日趋严格，资本充足率的要求约束了银行贷款规模的扩大，进一步导致理财产品取代银行贷款，以满足对受限行业、地方政府融资平台和中小企业的授信融资需求。

6. 监管博弈与监管套利理论

监管套利一般是指从监管严格的市场，通过某些渠道，转向监管宽松或无监管的市场化的逐利性行为。无论是我国的银行理财产品还是美国的货币市场共同基金都是绕过监管或利率管制所创设出来的产品，相对于银行存款来说具有利率优势和监管优势。实践中，我们可以看到，监管越是严格，绕道监管的金融创新就越多。在严格的贷存比要求下，银行理财计划常常配合银行在关键时点（月末、季末）的存款要求使资金迅速回表，在这些关键监管考核时点上，开放式产品往往被迅速赎回，而保本类理财产品①的发售力度明显加大，利率也会相应提高。

银行与监管机构的监管博弈，在银行信贷资产大规模出表，借助信托、券商、基金、保险等通道合作，形成大量的"非标债权资产"的表现上十分突出。由于信托业的监管最为宽松，银行资管一开始多采取借助信托的通道来规避监管。针对银行理财资金投资信贷资产和发放信托贷款，2009 年银监会先后发布了 65 号文、111 号文、113 号文，提出规范性要求，政策逐步收紧。2010 年银监会发布 72 号文，明确要求银信合作理财业务中的融资类业务余额占比不得超过 30%，超标的要停止业务，并把表外资产转至表内。在此情况下，银行设计了名目繁多的帮助资产出表的金融创新产品，在银信合作被叫停后，银行与券商、基金、保险合作的新通道业务又被创造出来。监管机构在"非标"的监管上有着非常矛盾的心态：一方面，担心简单叫停会引发金融市场震荡和实体经济冲击；另一方面，担心监管不作为，任由理财计划开展出表业务，可能导致系统性风险的迅速集聚和积累。2013 年银监会本着实质重于形式的原则，出台 8 号文对各种通道类非标债权资产进行规范，要求非标规模以理财产品余额的 35% 与银行上一年经审计的总资产的 4% 二者之间孰低者为上限。可以说，监管机构没有禁止非标业务，而是采取适当限制的方式。因此，在此监管政策下，银行的最优选择不是停止非标业务，而是通过其他渠道继续开展非标业务。

赵意奋（2012）从监管规制层面对不同机构的资产管理业务进行比较

---

① 保本理财产品和存款一样，要计入银行表内负债，考核贷存比时会一并考虑进去。

分析，认为尽管我国不同机构的受托资产管理业务存在同质性，都是基于信托原理展开，但不同机构在市场准入限制、投资管理行为、账户管理和收费等方面存在不同的监管规制，不利于金融创新和投资者利益保护，也不符合统一监管的国际趋势，应将其纳入统一的监管框架内。

二、与资产管理业务实践相关的理论探索

近年来，随着商业银行资产管理业务的兴起和发展，国内学者越来越重视对资产管理业务的研究。

在资产管理业务发展格局方面，国内学者主要围绕不同机构、产品的角度展开比较研究。中国金融理财市场发展报告课题组（2007）在梳理我国金融理财市场时，分别从理财产品和金融机构的视角做出比较研究。在理财产品层面主要着力于监管法规、产品特性及竞争力、产品竞争格局方面的比较，而金融机构的竞争层面主要对不同机构的产品发行规模做了对比分析。洪锦屏和罗毅（2011）比较研究了基金、银行、信托、保险和券商几个资产管理子行业的发展现状和竞争格局，重点强调渠道在资产管理业务竞争中的决定性作用。

在资产管理行业发展方面，国内学者做了不少系统性研究。国内巴曙松、陈华良等学者自 2005 年开始，每年都会领导其研究团队推出一份聚焦于中国资产管理行业的研究报告，从最开始专注基金行业的研究逐步拓展到其他各资产管理子领域。从其报告的发展变化中可以观察出我国资产管理行业经历了从公募基金行业占据主导，到银行、信托等其他子行业的赶超，以及最近两年各子行业之间交锋互动加剧的演变。同时资产的构成变化也成为资产管理行业发展新的推动力，这主要体现为机构投资者的兴起。巴曙松（2007）提出以企业年金和保险资金为主体的机构投资者的发展，拓展了资产管理行业资产的广度，还将为资产管理业务模式、产品创

新和管理机制创新带来新的发展动力。在对银行资产管理行业发展趋势判断上，金融业界与学者们的观点也较为一致。例如，楼文龙（2014）提出，商业银行将致力于加快资产管理业务转型，预计将在业务模式、产品创新、投资研发建设、客户营销、风险控制五个方面呈现出新的发展趋势。苏薪茗（2014）认为，银行资管业务未来首先要解决"隐性担保"和"刚性兑付"等问题，并将提供更为综合化的服务。王哲（2015）基于波特五力模型，对银行资产管理行业进行研究，认为未来刚性兑付将被打破，银行资产管理业务将回归"受人之托"的本源，并将步入微利时代。宫哲和洪金明（2015）认为，互联网理财对传统银行的资产管理业务造成冲击，并给银行资管业务发展带来启示，未来银行资管业务将根植于互联网信息技术，推进业务经营模式转型。

在资产管理业务监管制度、环境建设方面，不少学者认为金融监管可能走向统一监管和功能监管。在金融全球化、金融创新和金融混业经营趋势的共同推动下，从分业监管走向统一监管、从机构监管走向功能监管正成为金融监管的发展趋势。对此，黄韬（2011）就如何实现"功能监管"的制度变迁进行了初步探索，指出要据此改进我国金融理财产品的监管，对既有的证券、基金、银行、信托等方面的法律制度进行全方位的重新论释。2012年我国监管当局密集出台的系列"新政"，对资产管理行业格局调整产生重大影响，对此不少学者和资产管理机构的研究人员纷纷就"新政"下的资产管理行业格局及不同金融机构面临的机遇和挑战做出重点分析。如邵子钦和田良（2012）、刘俊（2012）重点探讨证券公司在新政下面临的机遇和挑战。王明德（2012）在对比新旧监管规制的基础上探讨证券公司资产管理业务及其盈利模式的转型。吴耀（2012，2013）分析了保险资管系列新政给证券公司、基金公司和保险公司资产管理业务带来的不同影响，并专门就2012年的保险资产管理市场做了较全面的总结分析。王松柏和杨腾（2013）结合新政和成熟资本市场资产管理行业发展趋势，分析了证券公司的发展空间和战略。黄鹰（2013）则探讨了公募基金"新政"对不同机构资产管理业务的影响。李振江（2015）认为，商业银行发展资管的法律体系不完善，不利于打破"刚性兑付"。山东银监局课题组（2015）从监管环境建设角度，提出规范和引导银行资管业务发展的监管制度安排。徐学明（2015）提出，要完善银行资管业务的外部环境，应当统一监管规则，强化监管协调、市场监管和投资者的风险教育。

针对银行自身发展中存在的问题，业界人员和学者也开出"药方"，提出了未来发展的转型建议。朱玉辰（2014）提出银行只有用互联网、泛金融、大资管的理念武装自己，主动吸纳各种新业态和新技术，扩大知识的边界与内涵，未来才能避免被淘汰。李振江（2015）分析了银行资产管理业务面临的挑战，提出银行应当转变思维，确实将资管作为一个主体业务进行运营，通过完善内部激励约束机制提升发展能力。

第四节　研究框架和核心观点

一、研究内容与逻辑框架

本书的研究内容围绕以下四部分展开。

1. 关于资产管理业务的理论基础与相关文献的回顾与评述

这部分主要包含第一章的内容。本书第一章介绍银行资产管理业务的发展趋势与生态环境，研究的背景和研究目的、意义，对现有文献进行归纳述评，并由此发掘待拓展的研究空间，提出研究设想，构建全文逻辑框架。

2. 关于商业银行资产管理业务未来趋势的探讨

这部分主要包含第二章、第三章的内容。第二章立足当前银行资产管理业务的基本格局，从三个方面分析了我国资产管理业务面临的新背景，并归纳出银行资产管理业务发展的五大趋势。经过十年的发展，银行资产管理已经成为我国金融市场的重要资金载体，并形成了大型银行、股份制银行、中小型银行差异化发展的基本态势。在新的起点上，当前银行资产管理业务发展面临三个新背景：一是宏观环境的变化，主要是经济增长进入换挡调整期、宏观调控朝市场化方向转变、多层次资本市场健全与发展；二是资产管理需求的变化，既有社会财富增长与储蓄率下降导致的需求总量变化，也有主体多元化导致的需求结构变化；三是市场竞争格局的变化，非银行资产管理机构对银行资产管理业务发展带来的挑战越来越大。在上述背景之下，近年来银行资产管理业务发展集中呈现业务定位本源化、产品类型净值化、投资品种大类化、盈利模式非利差化和组织架构独立化五大趋势。

第三章总结了新兴互联网金融公司资产管理业务的发展历程和现状，剖析其主要模式和特点，在对比分析商业银行面临新挑战的基础上，提出在资产管理 3.0 时代商业银行的应对之策：加强产品和服务创新，为客户提供更便捷的服务；发挥资产端的资源禀赋和能力优势，坚持专业化发展道路；开展跨界合作，携手合作共赢；利用大数据等信息技术，做好精准营销与客户交互。

3. 对银行资管业务的生态环境进行研究

除管理人、分销商（渠道）、投资者及托管、评级等直接参与业务运作的机构主体外，围绕业务运作存在的法律、监管、市场及基础配套"四大环境"是银行资管业务存在与发展必需的土壤，也是影响其现状及未来发展趋势的重要因素。该部分研究内容主要体现在第四章、第五章。

在第四章，借用生物学"生态系统"的概念，提出了围绕银行资管行业发展的"生态圈"概念，并分析了其存在的问题与影响。目前来看，各方面的环境因素均或多或少存在一些问题，对业务发展造成了一定的阻碍。从法律环境看，当前主要的问题在于资管业务缺乏统一的法律体系，尤其是银行理财业务在法律关系上的定性不明确，造成其运作和创新受到限制，投资者等主体的权益难以得到有效保障。从监管环境看，分业监管体系下监管标准的差异使得跨业经营的资管业务难以统筹监管，而具体的监管制度在风险防控方面的深度与力度不足。从市场环境看，银行理财在投资渠道等方面难以得到公平的竞争机会，在客户与销售的终端环节"乱象纷呈"，市场秩序有待整顿。从基础配套环境看，缺乏对银行资管业务统一的核算、托管、风险管理、分析评价制度规范。

第五章则有针对性地提出了各项改进建议。首先，应对不同类型的资产管理制定统一的法律规范，且对银行资产管理从法律上属于信托关系应该予以明确。其次，当前以机构监管为主应向与功能监管并行转变，同时要加强不同监管机构之间的协调，可在做实联席会议制度与设立金融监管委员会两种改革的思路上进行探索。最后，在市场环境方面，建议通过规范理财资金投资要求给予其公平的投资机会，同时依托行业自律规范销售等环节的竞争秩序。在基础配套环境改善方面，本书也有针对性地提出了相关改进建议。

4. 本书的主要研究结论和未来研究展望

这部分主要包含本书第六章的内容。基于前文分析，该部分总结本书的核心研究结论，并针对当前分析中的局限提出未来的研究展望。

二、本书核心观点

围绕本书的研究目标，通过对商业银行资产管理业务发展现状、面临的内外部挑战进行深入分析，本书得出如下结论：

（1）银行资管业务呈现"五化"趋势。在宏观环境、资产管理需求以及市场竞争格局变化的情况下，银行资产管理业务发展集中呈现业务定位本源化、产品类型净值化、投资品种大类化、盈利模式非利差化和组织架构独立化五大趋势。

（2）从"四大"环境要素入手，构建健康有序的商业银行资产管理行业"生态圈"。法律、监管、市场及基础设施等外部环境要素对银行资产管理业务发展产生方方面面的影响，构成了整体资产管理行业的"生态圈"。从完善法制设计、培育金融市场、探究经营模式、加强监管协调、强化行业自律等角度，建立一套规范和引导银行资管业务健康有序发展的制度安排和生态环境，有助于引导银行资管业务成为服务社会、服务实体的新动力和新模式。

（3）在互联网背景下，资产管理业务发展进入 3.0 时代，商业银行应当积极转变资产管理业务发展模式和途径。本书认为，为积极应对互联网对商业银行资产管理业务的挑战，商业银行应当顺势而变，从产品和机制创新、跨界合作、大数据应用等多个角度重塑发展模式。

（4）商业银行资产管理业务的法律关系应界定为信托关系。根据现行《信托法》和《基金法》的规定①，只有信托产品和基金产品是基于信托关系产生的金融产品，其他资产管理关系并不属于信托关系，不受《信托法》的调整和保护。同时，《商业银行法》规定，商业银行不得从事信托业务。但实践中，从银行资产管理的本质来看，银行理财法律关系完全符合信托法律关系的特征。《信托法》应当作为资产管理业务的上位法②。

---

① 《中华人民共和国证券投资基金法》第二条："在中华人民共和国境内，通过公开募集资金设立证券投资基金（以下简称基金），由基金管理人管理、基金托管人托管，为基金份额持有人的利益进行证券投资活动的，适用本法；本法未规定的，适用《中华人民共和国信托法》、《中华人民共和国证券法》和其他有关法律、行政法规的规定。"

② 中国工商银行副行长张红力建议，"以目前开展的法律修订为契机，在信托法修订中统一信托业务的界定标准，使其涵盖资产管理业务，并确立财产独立、受托责任等普适性原则；在商业银行法中明确银行理财的法律主体地位"。

（5）大资管时代的监管由以机构监管为主向与功能监管并行转变。随着金融机构业务多元化，跨界综合经营，尤其是金融控股集团的出现，给分业监管带来极大的挑战。特别是 2015 年爆发的股市局部危机反映出现有的监管框架存在着明显不适应我国金融业发展的体制性矛盾，必须要实行功能监管与机构监管并行，来解决机构监管因监管标准的差异性而出现的监管套利和监管博弈问题。

第五节　本书的创新点与待持续深入研究的问题

本书在如下三个方面进行创新性研究尝试：第一，本书提出商业银行资产管理金融生态圈，创新性地构建了资产管理业务发展研究的理论和逻辑框架。第二，本书提炼升华了资产管理业务的"五化"趋势，"生态圈"的"四大"环境要素，将金融实践与理论发展进行了有机结合。第三，本书提出互联网时代资产管理 3.0 时代，具有较强的实践指导意义。

尽管本书得出了一些有价值的成果与结论，但由于所研究的资产管理行业在快速转型中，限于笔者的能力和时间关系，本研究并没有完全解决这个领域内的所有问题，有待未来进一步加以研究。具体体现在：

（1）如何真正打破"刚性兑付"难题？本书注意到"刚性兑付"对银行资管业务健康发展的负面影响，在第二章对"刚性兑付"问题进行了充分阐释。但由于中国民众对银行的天然信赖、银行自身维护声誉的需要、监管规则尚未真正落地等原因，"刚性兑付"在中国仍根深蒂固地存在，短时间内较难被打破。如何真正实现理财产品资产管理的本质，培养"代客理财"的理财文化，这是需要继续研究的一个问题。

（2）商业银行资产管理业务架构中的"事业部制"和"子公司制"孰

优孰劣？本书认为，银行资产管理业务的组织架构正按照"二级部—一级部—事业部—子公司"的路径逐步向前摸索，子公司管理模式具有实现风险隔离、优化激励约束机制、丰富资管产品等优势。但在当前的情况下，由于内部协同问题、监管主体问题尚未解决，因此推行子公司模式还存在一定障碍。未来还需要进一步思考上述两个问题的解决方案，为推行子公司模式扫清障碍。

（3）如何监管互联网时代的资产管理创新模式？本书第三章提出了互联网时代资产管理创新模式。但是，当前相当一部分的互联网金融只是将业务从网下搬到网上，是披着"互联网外衣"的传统金融，只能大量通过监管套利来维持运转。未来，对互联网资产管理业务进行监管，如何在鼓励创新和防止监管套利间进行平衡，值得深入思考。

第二章 我国银行资产管理业务的新背景与发展趋势

　　银行资产管理业务实质上是传统商业银行一次"反金融脱媒"的创新。2000 年前后，随着金融改革的深化和利率市场化进程的加快，银行储蓄资产在社会金融资产中所占比重下降，社会融资方式由以通过银行的间接融资为主，向通过资本市场的直接融资与银行间接融资并举转变。2004 年，央行放开存款利率下限和贷款利率上限，利率市场化改革迈出实质性步伐，进一步加大了银行的竞争压力，在资本充足率和存贷比的双重夹击下，倒逼银行探索创新工具，于是资产管理业务应运而生。2004 年，光大银行先后推出国内银行第一款外币结构性理财产品和第一款人民币理财产品。概况而言，银行资产管理业务的兴起由供给和需求两方面原因直接促成。从需求端看，个人和企业投资者始终在追逐更高的投资收益率；从供给端看，在信贷规模供不应求的背景下，许多企业难以从银行获得信贷资金，它们为了获得融资而愿意承受更高的利率。

　　本章立足当前银行资产管理业务的发展现状和基本态势，着重从宏观经济形势、资产管理需求和市场竞争格局三个方面分析银行资产管理业务面临的新形势，归纳银行资产管理业务的五个发展趋势。

第一节　当前银行资产管理业务的发展现状和基本态势

　　经过十年的发展，银行资产管理已经成为我国金融市场的重要资金载体。中国银行业协会统计显示，截至 2014 年末，银行资产管理余额已达 15.03 万亿元，较 2013 年末增加了 4.79 万亿元，同比增长 46.78%。2015 年前三季度，银行共发行银行理财产品共计约 6.5 万款，募集资金规模约 35.7 万亿元（见图 2-1）。

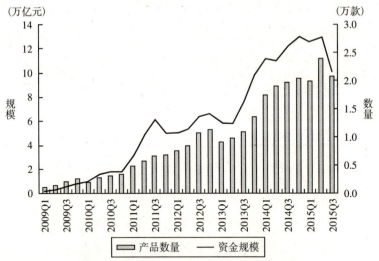

图 2-1　银行理财产品发行数量和资金规模

注：Q1 表示第一季度，Q3 表示第三季度。

资料来源：中国社科院金融所财富管理研究中心。

　　下面，本书将从市场份额和发展速度、产品结构和业务布局、资产配置和投资方向、战略定位和竞争优势四个维度，详细剖析主要银行资产管理业务的发展现状和基本态势。

一、市场份额和发展速度比较

截至 2015 年 7 月末，资产管理规模超过 1 万亿元的银行达到 9 家，传统工、农、中、建"四大行"格局已被打破，农业银行、建设银行、中国银行的理财规模已被招商银行、兴业银行及浦发银行等股份制银行超越。国有商业银行与股份制银行竞争格局正出现明显分化，总体呈现"两升两降"的特点，即股份制银行市场份额及发展速度提高（股份制银行市场份额增加 7.49 个百分点，招商银行、兴业银行、浦发银行规模增速均超过 70%），传统银行则相应出现下降（四大行市场份额下降 7.49 个百分点，除工商银行外增幅不超过 20%）（见表 2-1）。

表 2-1　2015 年 7 月主要银行资产管理规模情况

序号	银行	产品余额（亿元）	较年初增量（亿元）	增幅（%）	市场份额（%）	市场份额变化（%）
1	工商银行	24489	4666	23.54	16.48	−1.62
2	招商银行	17598	8026	83.85	11.85	3.10
3	交通银行	14576	4236	40.97	9.81	0.37
4	兴业银行	14491	6140	73.52	9.75	2.13
5	浦发银行	14365	5948	70.67	9.67	1.98
6	农业银行	13864	2095	17.80	9.33	−1.42
7	建设银行	12413	945	8.24	8.36	−2.12
8	中国银行	11909	584	5.16	8.02	−2.33
9	光大银行	10784	2294	27.02	7.26	−0.50
10	民生银行	7188	2416	50.64	4.84	0.48
11	中信银行	6877	1718	33.31	4.63	−0.08
12	合计	148554	39069	35.68	100.00	0.00

二、产品结构和业务布局比较

1. 银行资产管理产品的结构

从产品收益类型结构看，工商银行、建设银行、招商银行等非保本占比都已超过 80%，产品转型成效明显，而农业银行、兴业银行、浦发银行等非保本占比仅有 60% 多。从客户分类结构看，工商银行、交通银行、中信银行私人银行产品占比明显高于同业平均水平，招商银行、兴业银行、浦发银行、民生银行、光大银行等股份制银行则在机构客户理财中发力，机构理财占比均超过 50%，农业银行则在个人理财中具有较大优势，同质化发展局面正在改变（见表 2-2）。

表 2-2 主要银行资产管理产品结构

单位：%

序号	银行	收益类型结构			客户分类结构		
		保证收益类	保本浮动收益类	非保本浮动收益类	个人理财	私人银行理财	机构理财
1	工商银行	0.00	16.94	83.06	45.32	20.55	34.13
2	农业银行	25.82	13.92	60.26	76.26	6.32	17.41
3	中国银行	28.55	0.08	71.37	63.04	2.81	34.15
4	建设银行	0.00	12.57	87.43	72.34	2.42	25.24
5	交通银行	32.44	21.16	46.40	38.97	12.50	48.53
6	中信银行	0.39	26.52	73.09	55.28	15.18	29.54
7	光大银行	18.22	12.52	69.27	41.56	7.28	51.17
8	招商银行	0.00	16.12	83.88	40.97	4.03	55.00
9	兴业银行	0.00	36.00	64.00	38.17	9.73	52.10
10	浦发银行	34.46	0.00	65.54	41.27	6.48	52.25
11	民生银行	6.09	24.63	69.28	44.88	1.90	53.21

2. 基于回归模型的银行理财产品收益率影响因素分析

这部分主要对理财产品收益率的影响因素进行探索分析，旨在找出对理财产品收益率具有显著影响的因素，并分析各因素对理财产品收益率的影响程度及原因。根据理财资产的投资方向及利率之间的联动作用，我们选取了可能对理财产品收益率产生影响的七个因素，分别为：高等级信用债收益率水平、银行定期存款利率、银行定期贷款利率、信托产品收益率、股票市场收益率、社会融资规模增速、房地产价格增速。根据这七个因素，我们分别选取了能代表其变化水平的数据指标，并选取 1 年期和 3 个月两个维度，分别检验这七个因素对理财产品收益率的影响，以夯实我们的检验结果。模型中用到的数据及代表符号如表 2-3 所示。

表 2-3　变量定义

因变量	1 年期变量指标	1 年期变量代表符号	3 个月变量指标	3 个月变量代表符号
理财产品收益率	1 年期理财产品收益率	R_1Y	3 个月理财产品收益率	R_3M
影响因素	1 年期变量指标	1 年期变量代表符号	3 个月变量指标	3 个月变量代表符号
高等级信用债收益率水平	AAA 级 1 年期企业债收益率	BOND_1Y	AAA 级 3 个月企业债收益率	BOND_3M
银行定期存款利率	1 年期定存利率	DEPOSIT_1Y	3 个月定存利率	DEPOSIT_3M
银行定期贷款利率	1 年期贷款利率	LOAN_1Y	3 个月贷款利率	LOAN_3M
信托产品收益率	信托产品年化收益率	TRUST	信托产品年化收益率	TRUST
股票市场收益率	沪深 300 指数 1 年回报率	STOCK_1Y	沪深 300 指数 3 个月回报率	STOCK_3M
社会融资规模增速	社会融资环比增速	FINANCE_H	社会融资环比增速	FINANCE_H
房地产价格增速	70 城房价指数环比	REALESTATE_H	70 城房价指数环比	REALESTATE_H

我们将数据全部处理为月度数据，接下来将分别对 1 年期和 3 个月理财产品收益率的影响因素进行探究[①]。

———————

① 本书收集了 2008 年 1 月至 2015 年 5 月的月度数据，共计 75 组，并对数据进行了以下调整：
　　(1) 将 1 年期贷款利率调整为人民银行公布的基准利率的 1.2 倍。
　　(2) 将 1 年期存款利率调整为人民银行公布的基准利率的 1.2 倍。
　　(3) 采用沪深 300 指数 1 年回报率作为衡量股票市场回报率的指标。
　　(4) 采用 70 城房价指数同比变化作为衡量房价变化的指标。

（1）1年期理财产品收益率影响因素研究。

1）平稳性检验。经典回归模型是建立在稳定数据变量基础上的，对于非平稳变量，若直接进行回归可能会出现虚假回归的问题。由于所使用的数据均为时间序列，因此我们先对各个变量进行单位根检验，查看所使用的数据是否平稳，在5%的显著性水平之下，检验结果如表2-4所示。

表2-4　1年期产品平稳性检验结果

变量	ADF统计量	P值	是否平稳	是否一阶单整
R_1Y	-1.9922	0.0449	是	
BOND_1Y	-1.0021	0.2817	否	是
DEPOSIT_1Y	-2.3320	0.1644	否	是
LOAN_1Y	-2.5548	0.1064	否	是
TRUST	-3.5818	0.0081	是	
STOCK_1Y	-2.2152	0.0265	是	
FINANCE_H	-14.7269	0.0001	是	
REALESTATE_H	-2.2213	0.0262	是	

2）回归分析。我们对平稳的变量进行回归分析，得到的结果如表2-5所示。

表2-5　1年期产品回归分析结果（一）

因变量：R_1Y
方法：最小平方
日期：07/12/15　时间：15：31
样本（调整）：2008M01 2015M04
其中的观测样本数量：调整之后88例

变量	相关系数	标准差	T检验值	概率
C	-0.831791	1.076759	-0.772495	0.4420
FINANCE_H	-0.000747	0.001154	-0.647208	0.5193
REALESTATE_H	-0.239086	0.168605	-1.418028	0.1599
STOCK_1Y	0.008008	0.002328	3.440734	0.0009
TRUST	0.807320	0.138214	5.841096	0.0000
R²	0.442658	因变量平均值		5.275776
调整R²	0.415799	标准差变量		0.963399
回归标准差	0.736356	AIC（赤池信息准则）		2.280934

续表

变量	相关系数	标准差	T 检验值	概率
残差平方和	45.00425	BIC（贝叶斯信息值）		2.421691
对数似然值	−95.36108	F 检验值		16.48031
Durbin−Watson stat（DW 统计量）	1.520549	F 检验值概率		0.000000

逐一剔除不显著的因素，最终得到表 2-6 的回归结果。

表 2-6　1 年期产品回归分析结果（二）

因变量：R_1Y
方法：最小平方
日期：07/12/15　时间：15：43
样本（调整）：2008M01 2015M05
其中的观测样本数量：调整之后 89 例

变量	系数	标准差	T 检验值	概率
STOCK_1Y	0.005560	0.002019	2.753447	0.0072
TRUST	0.689877	0.010410	66.26864	0.0000
R^2	0.394874	因变量平均值		5.276546
调整 R^2	0.387919	标准差变量		0.957938
回归标准差	0.749448	AIC（赤池信息准则）		2.283257
残差平方和	48.86553	BIC（贝叶斯信息值）		2.339181
对数似然值	−99.60492	Durbin−Watson stat（DW 统计量）		1.327784

回归方程可写为：

$$R\_1Y = 0.00556 \times STOCK\_1Y + 0.689877 \times TRUST$$
$$\quad\quad\quad (27534) \quad\quad\quad\quad\quad\quad (66.2686)$$

由此可见，1 年期理财产品收益率的影响因素主要包括股市回报率和信托产品收益率，二者对理财产品收益率的影响方向均为正。银行理财资金主要投向债券及货币市场、现金及银行存款、非标准化债权类资产等。近年来，由于银行理财产品负债端成本较高，理财资金投资压力较大，在资产配置上对非标资产的配置比例增加，而信托产品是银行投资非标资产的主要形式之一，因此信托产品收益率对理财产品收益率构成直接影响。股市并不是理财资金的主要投资渠道，由于理财资金不能直接投资于股票二级市场，但可以通过信托计划、券商资管等通道间接进入二级市场，因此股市回报率对银行理财产品收益率也构成一定的影响。从系数来看，信托产品收益率的影响比股市回报率的影响更大，这也进一步印证了银行理财资金对非标资产的投资力度更大，而对股市的投资较为间接，因此受到信托产品收益率的影响会更大一些。

3）协整检验。上述回归模型阐述了信托产品收益率和股市回报率对理财产品收益率的影响，但我们会注意到上述回归模型的拟合优度近40%，说明自变量对因变量的解释力度并不是很高。我们知道理财资金有很大部分是投向债券及货币市场的，因此直观上我们认为债券市场收益率、货币资金利率等因素对理财产品收益率应该会有较为显著的影响。但是由于在平稳性检验过程中我们看到债券收益率、存款利率和贷款利率都是一阶单整的，而理财产品收益率在5%的显著性水平下是平稳的，因此我们无法将理财产品收益率对债券收益率、存款利率和贷款利率进行回归。但是我们看到，理财产品收益率在1%的显著性水平下是非平稳的，而且是一阶单整的，因此，在1%的显著性水平下，我们可以对同阶单整的变量进行协整检验，从而验证债券收益率、存款利率、贷款利率和理财产品收益率是否存在长期的均衡关系。

对这四个变量进行 Johansen 协整检验，得到的结果如表 2-7 和表 2-8 所示。

表 2-7　1 年期产品协整检验结果（一）

日期：07/12/15　时间：17：39
样本（调整）：2008M03 2015M04
其中的观测样本数量：调整之后 86 例
趋势的假设：线形确定趋势
序列：R_1Y BOND_1Y DEPOSIT_1Y LOAN_1Y
滞后时间间隔（一阶导数）：1 to 1
无限制的协整等级测试（迹）

假设协整方程数量	特征值	迹统计量	0.05 临界值	概率 **
0*	0.187204	23.99932	29.79707	0.2005
<= 1	0.523476	87.74581	47.85613	0.0000
<= 2	0.059207	6.173658	15.49471	0.6750
<= 3	0.010697	0.924936	3.841466	0.3362

表 2-8 1 年期产品协整检验结果（二）

1 协整方程：	对数似然值	121.6100	

标准化协整系数（标准差）			
R_1Y	BOND_1Y	DEPOSIT_1Y	LOAN_1Y
1.000000	0.364684	0.022436	−0.240962
	(2.44027)	(5.25709)	(1.97890)
调整系数（标准差）			
D (R_1Y)	−0.613186		
	(0.07066)		
D (BOND_1Y)	−0.040337		
	(0.04911)		
D (DEPOSIT_1Y)	−0.004242		
	(0.02488)		
D (LOAN_1Y)	−0.012662		
	(0.02418)		

说明这四个变量之间至少存在一个协整关系，协整方程为：

$$R_{1Y} = \underset{(2.4403)}{0.364684} \times BOND_{1Y} + \underset{(52571)}{0.022436} \times DEPOSIT_{1Y} - \underset{(1.9789)}{0.240962} \times LOAN_{1Y}$$

通过协整检验，我们得到结论：债券收益率、存款利率、贷款利率和理财产品收益率之间存在长期的均衡关系。从长期来看，债券收益率、存款利率对理财产品收益率具有正向的影响，并且 BOND_1Y 指标对 R_1Y 的影响系数最大，说明债券收益率对理财产品收益率的影响最大，与理财资产大部分配置为高等级信用债的情况一致，因此理财产品的收益率受到债券市场利率变动的影响非常大。贷款利率对理财产品收益率的影响是负向的，这与我们的直观认识相悖。目前银行理财资产配置的非标类资产大多是对优质企业的信贷资产或信托贷款，从长期来看，该类资产的贷款利率会下跌，资产端收益率下降是理财产品面临的一个重大挑战。但是，理财资产端的收益率却很难降下来，这是由于理财产品需要滚动发行，同时在利率市场化趋势下为争夺资金要与其他同类固定收益类产品进行收益率竞争，所以资产端与负债端的利率出现了阶段性的逆向运行。但从 t 值来看，贷款利率的 t 值接近 2，但小于 2，说明贷款利率对理财收益率的影响并不是非常显著，这种负向的影响关系可能只是暂时的，并非可持续的。

（2）3个月理财产品收益率影响因素研究。

1）平稳性检验。3个月理财产品收益率研究中所用到的变量仍然是时间序列数据，同样，在进行分析之前，我们要对各变量进行平稳性检验，结果如2-9所示。

表2-9　3个月产品平稳性检验结果

变量	ADF 统计量	P 值	是否平稳	是否一阶单整
R_3M	−0.8968	0.3249	否	是
BOND_3M	−0.7003	0.4107	否	是
DEPOSIT_3M	−0.9661	0.2962	否	是
LOAN_3M	−0.9914	0.2860	否	是
TRUST	−3.5818	0.0081	是	
STOCK_3M	−2.9079	0.0041	是	
FINANCE_H	−14.7269	0.0001	是	
REALESTATE_H	−2.2213	0.0262	是	

2）回归分析和协整检验。由于因变量 R_3M 为非平稳变量，且一阶单整，因此我们对 R_3M 和 BOND_3M、DEPOSIT_3M、LOAN_3M 这几个同阶单整的变量进行协整分析。我们将 R_3M 对 BOND_3M、DEPOSIT_3M、LOAN_3M 进行回归，得到如表 2-10 所示的结果。

表2-10　3个月产品回归结果

因变量：R_3M
方法：最小平方
日期：07/28/15　时间：10：21
样本（调整）：2008M01 2015M04
其中的观测样本数量：调整之后 88 例

变量	系数	标准差	T 检验值	概率
C	2.574103	1.031640	2.495156	0.0145
BOND_3M	0.427744	0.070851	6.037205	0.0000
DEPOSIT_3M	1.610009	0.351385	4.581895	0.0000
LOAN_3M	−0.625567	0.258070	−2.424016	0.0175

变量	系数	标准差	T 检验值	概率
R^2	0.873140	因变量平均值		4.120005
调整 R^2	0.868609	标准差变量		1.113494
回归标准差	0.403619	AIC（赤池信息准则）		1.067696
残差平方和	13.68426	BIC（贝叶斯信息值）		1.180302
对数似然值	-42.97862	HQC.（汉南奎因准则）		1.113062
F 检验值	192.7150	Durbin-Watson stat（DW 统计量）		0.815541
F 检验值概率	0.000000			

可以看出，回归结果中各系数在 5% 的显著性水平下均是显著的，并且拟合度较好。同时，我们检验回归方程的残差项，从图 2-2 中可以明显看出残差平稳，没有明显趋势。

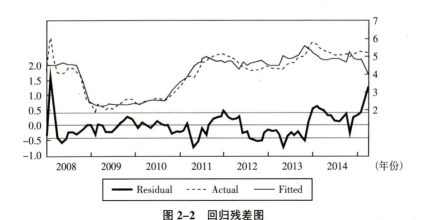

图 2-2　回归残差图

可见，R_3M 和 BOND_3M、DEPOSIT_3M、LOAN_3M 之间具有长期稳定的均衡关系，协整方程为：

$$R\_3M = \underset{(2.4952)}{2.5710} + \underset{(6.0372)}{0.427744} \times BOND\_3M + \underset{(4.5819)}{1.610009} \times DEPOSIT\_3M +$$

$$\underset{(-2.4240)}{(-0.625567)} \times LOAN\_3M$$

从结果可以看出，3 个月理财产品收益率的基数在 2.57% 左右，在此基础上，3 个月期高等级企业债收益率和 3 个月定期存款利率对理财收益率有正向影响，且定期存款利率对理财收益率的影响明显大于债券收益率的影响。这反映出由于 3 个月理财产品比 1 年期产品需要更高的流动性，资产主要投资于货币市场比较多，因此货币市场利率对其影响比较大。3个月期贷款利率对理财产品收益率的影响同样是负向的，原因与 1 年期贷款利率对 1 年期理财收益率的影响相同。

因此，我们可以得出这样的结论：

1 年期理财产品收益率与股市回报率、信托产品收益率、债券收益率和存款利率呈正相关，影响系数排序分别是信托产品收益率、股市回报率、债券收益率、存款利率，与贷款利率呈负相关。

3 个月理财产品收益率与 3 个月定期存款利率和 3 个月期高等级企业债券收益率呈正相关，而且存款利率的影响系数大于债券收益率，这反映出 3 个月理财产品比 1 年期产品具有更高的流动性。3 个月理财产品收益率与 3 个月定期贷款利率呈负相关。

三、资产配置和投资方向比较

各银行在资产配置上的不同，反映出各自的客户、产品结构及资源禀赋的差异特点。农业银行与交通银行等因保本产品占比更高，客户整体风险偏好较低，资产配置更偏重债券类、同存类等固定收益资产。工商银行、建设银行则发挥其对公客户基础广泛的优势，在信贷等非标资产方面仍维持较高规模，招商银行、光大银行等也在非标类资产上维持了相对较快的增速。近年来，资本市场行情活跃，主要同业机构均大幅增加了权益类投资，尤其是工商银行及兴业银行、浦发银行等股份制银行的增长更为明显，工商银行、浦发银行权益类投资分别达到 4993 亿元、3628 亿元，招商银行、光大银行、兴业银行、建设银行也均超过 2000 亿元，这些高收益的权益类资产有力地支持了产品端的良性高速扩张。

表 2-11 同业理财大类资产配置情况

单位：亿元

序号	银行	债券及货币市场工具		同业存款及同业借款		信贷类投资		权益类投资	
		余额	较年初增量	余额	较年初增量	余额	较年初增量	余额	较年初增量
1	工商银行	13430	4616	2013	-1660	3801	-63	4993	1462
2	农业银行	5220	1252	5187	630	1572	-918	544	158
3	中国银行	8953	219	1366	534	1283	-483	288	-28
4	建设银行	2441	816	3992	-601	3766	-147	2207	900
5	交通银行	9719	3280	2366	201	1839	400	758	402
6	中信银行	3089	1871	511	-765	2300	291	227	43
7	光大银行	4284	467	2346	1947	1197	270	2287	264
8	招商银行	8665	5432	3755	1173	2947	1479	2264	13
9	兴业银行	5260	2066	5400	3479	1601	226	2192	1387
10	浦发银行	3918	1112	4618	2570	1433	30	3628	1779
11	民生银行	2564	1215	2038	993	1092	90	1381	159
12	合计	67542	22347	33591	8500	22831	1174	20766	6539

四、战略定位和竞争优势比较

银行业经营具有显著的规模效应，不同体量的银行，其经营发展战略存在较大差异，对于资产管理业务，不同体量的银行也有不同的发展定位。

战略一： 大型银行的资产管理业务定位于销售协同。

大型国有银行定位于国有企业的主办型商业银行。大型国有银行与国企客户维持稳固的银企关系，使得银行在生息资产和净息差方面保持稳定增长。基于上述相同的盈利模式，大型银行的经营普遍趋同，净利润增速没有出现较大分化。大型银行拥有丰富的渠道资源和集团化的金融服务平台，有利于发展全面资产管理业务，更多体现为以稳健的风格发挥销售协同效应，而不是积极开展资本套利。

大型银行收入结构如图 2-3 和表 2-12 所示。

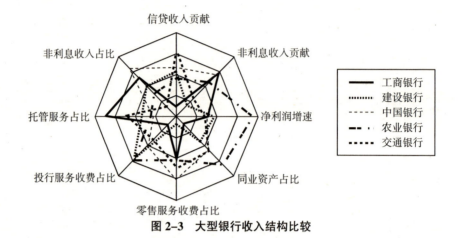

图 2-3　大型银行收入结构比较

表 2-12　大型银行收入结构

单位：%

	工商银行	建设银行	中国银行	农业银行	交通银行	大型银行平均
信贷收入贡献	9.60	16.87	17.65	15.30	21.24	16.13
非利息收入贡献	13.55	4.64	12.90	10.65	6.33	9.61
净利润增速	12.32	12.65	12.23	14.73	12.13	12.81
同业资产占比	6.12	8.26	9.25	11.12	9.39	8.83
零售服务收费占比	64.41	43.81	75.71	64.45	69.10	63.50
投行服务收费占比	3.88	22.87	15.21	23.19	12.09	15.45
托管服务占比	28.71	9.30	3.19	4.83	17.68	12.74
非利息收入占比	25.98	24.10	28.81	21.95	18.37	23.84

资料来源：根据银行业协会资料整理。

　　工商银行——依托网点优势发展零售银行业务。从财务报表来看，利息收入对净利润的贡献程度与同类银行平均水平一致，而非利息收入对净利润的贡献显著高于同业，而且代理服务费和托管业务费在手续费收入结构中占比最高，显示了工商银行发展零售银行和综合资管业务的战略重点。目前工商银行正在进行中间业务战略调整，努力向金融资产服务大行转变，重点发展的业务包括资产管理、委托管理、贷款交易、代理销售、承销、咨询等。

建设银行——发挥专业贷款优势开展综合银行业务。建设银行在信贷业务领域，特别是项目贷款授信业务上具有长期专业运作经验，公司拥有丰富的公司银行综合化服务优势，表现在建设银行在财务顾问费、信贷承诺和贷款业务佣金方面远高于同业的手续费收入。建设银行在零售和资管方面的业务相对薄弱。虽然建设银行发行理财产品数量最多，但是对非利息收入占比提升的贡献并不明显，也说明了其在理财业务方面的弱势。

中国银行——全牌照混业经营的典型。中国银行全牌照的金融集团模式包括了银行、证券、保险、租赁、基金、资本投资等多种金融业务，形成了综合化金融业务平台，降低了对利息收入的依赖，非利息收入占比接近 30%，远高于同业，接近国外银行的水平。

农业银行——以投行业务优势开展综合金融服务。虽然农业银行上市最晚，而且大部分业务在"三农"领域，但是农业银行在非利息收入方面凭借财务顾问费、信贷承诺和贷款业务佣金的快速增长而与同行不相上下，体现了农业银行以投行业务作为突破口开展综合金融服务的战略意图。

交通银行——牌照齐全但是缺少协同。交通银行虽然各类金融业务牌照齐备，但是缺少有效的整合和协同，无法发挥综合金融服务优势，非利息收入占比在同类银行中最低。

战略二：股份制银行创新资产管理业务积极调整资本杠杆。

与大型国有银行相比，股份制银行处于天然弱势，无论是在规模、渠道还是客户关系上。因此股份制银行在经营战略方面更加积极创新，试图通过差异化定位来突破大型国有银行的垄断，经营策略的差异最终体现为净利润增速的分化加大。内涵丰富的资产管理业务是股份制银行发展非利息收入的重要来源，也使为数不多的股份制银行能够和大型国有银行站在同一起跑线上竞争，因此受到各家银行的重视。

股份制银行收入结构如图 2-4 和表 2-13 所示。

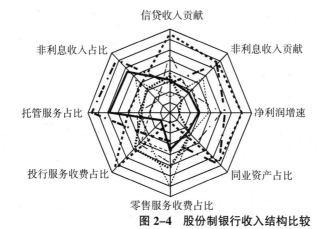

图 2-4　股份制银行收入结构比较

表 2-13　股份制银行收入结构

单位：%

	招商银行	中信银行	浦发银行	民生银行	兴业银行	华夏银行	光大银行	股份制银行平均
信贷收入贡献	16.26	19.13	21.17	13.88	44.53	32.12	5.77	21.84
非利息收入贡献	13.42	10.01	15.00	25.95	25.98	13.28	19.55	17.60
净利润增速	12.36	5.40	12.95	21.05	26.76	20.14	15.48	16.31
同业资产占比	15.37	16.46	13.83	32.81	32.34	20.43	16.63	21.12
零售服务收费占比	50.52	60.55	51.78	45.01	33.15	58.12	72.10	53.03
投行服务收费占比	9.52	29.18	23.68	20.00	43.69	26.05	20.66	24.68
托管服务占比	22.91	4.74	0.00	32.66	12.54	7.40	5.06	12.19
非利息收入占比	25.94	18.45	14.95	30.58	20.53	13.75	22.72	20.99

资料来源：根据银行业协会资料整理。

　　兴业银行——资产证券化创新型银行。兴业银行依靠金融市场创设产品和资产管理的业务链条，实现了非信贷类资产的规模增长和周转率提升，带动了非利息收入的快速增长，使得兴业银行的净利润增速远高于同类银行。非利息收入中，与金融市场创设产品相关的财务顾问费、信贷承诺和贷款业务佣金占比高于同类银行。兴业银行在资产负债结构方面也与同类银行存在较大差异，较高的同业资产占比反映了其对金融市场的娴熟运用，也是其银行业务平台繁荣发展的体现。尽管兴业银行在非信贷业务和资产管理业务创新方面超越了同类银行，但是停留在面向公司客户的批发业务方面，在银行和资产管理、零售业务方面还落后于同类银行。

民生银行——专注小微金融和社区金融。民生银行通过发展商贷通业务实现了利息收入和客户群体的快速增长，后续专注于小微金融和社区金融，拓展低成本资金来源和零售银行业务。银行卡、结算清算收入、托管受托业务积极增长使非利息收入占比快速提升，一定程度上印证了公司小微综合金融服务模式下非利息收入来源的拓展、增长的持续以及客户的黏性。为了克服布局社区金融物理网点带来的成本压力，民生银行与阿里巴巴互联网金融展开合作。尽管如此，民生银行的社区金融战略将不可避免地与大型国有银行的零售银行战略正面竞争，后续的增长空间可能受限。

招商银行——稳健发展零售银行。招商银行的手续费收入结构最为均衡，非利息收入占比高于同类银行平均水平，但是净利润增速慢于同类银行，未来依托于广泛的网点渠道和优先积累的优质客户资源可以保持稳健的增长，但是在零售银行领域同样要面临激烈的竞争，能否保持优势仍存在不确定性。

中信银行——缺少突出优势的金融平台。中信银行的手续费收入呈现集中化趋势，卡类、结算清算和财务顾问费成为其最主要的中间业务收入构成。公司拥有一定的对公业务基础和综合化金融平台优势，但是仍然未能探索出自身具有突出特色的业务发展模式。缺乏竞争优势拖累了净利润增长。

光大银行——零售理财业务特色明显。光大银行在零售理财业务上形成"阳光理财"品牌效应，未来将继续开展资产管理业务以进一步提升非利息收入水平。

浦发银行——停留在传统信贷业务领域。浦发银行的非利息收入占比大幅低于同类银行，停留在传统信贷业务领域使得浦发银行与积极开展多元化的同类银行相比，净利润增速明显落后。

华夏银行——停留在传统银行业务。华夏银行的中间业务收入占比最低，其他业务也难有起色。

战略三： 中小型商业银行专业化定位发展资产管理业务。

中小型商业银行已经错过了快速扩张信贷规模的跑马圈地阶段，因此未来的发展方向更应该专注于非利息收入的增长，比拼网点资源和综合化经营程度都不是其应该选择的道路。合理地进行市场定位、深入发掘目标市场需求并提供定制化的产品和服务，从而提高市场渗透率和客户黏性，可能会是中小型商业银行重要的探索方向。

中小型商业银行收入结构如图 2-5 和表 2-14 所示。

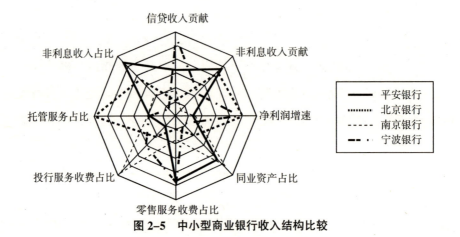

图 2-5　中小型商业银行收入结构比较

表 2-14　中小型商业银行收入结构

单位：%

	平安银行	北京银行	南京银行	宁波银行	中小型银行平均
信贷收入贡献	34.52	19.56	24.49	50.43	32.25
非利息收入贡献	20.80	18.29	-8.62	3.41	8.47
净利润增速	9.63	21.87	10.06	20.84	15.60
同业资产占比	22.64	19.99	23.40	18.58	21.15
零售服务收费占比	84.85	38.55	46.78	87.18	64.34
投行服务收费占比	2.07	7.50	25.84	12.60	12.00
托管服务占比	0.00	46.17	1.34	0.00	11.88
非利息收入占比	20.91	17.44	14.40	11.38	16.03

资料来源：根据银行业协会资料整理。

平安银行——依托中国平安发挥协同效应。深圳发展银行与平安银行的合并已经完成，平安集团的注资使得公司资本充足率的制约得到了极大缓解，各项业务呈现出稳定增长的状态。其与中国平安的重组完成后，公司将受益于与集团在客户资源、产品设计、渠道共享以及后台支持等方面的协同效应，特别关注其供应链融资以及零售银行业务所能获得的集聚市场的竞争优势。平安银行的手续费收入占比在中小银行中最高，显示了公司作为一家全国布点的中小型商业银行的竞争优势。从结构看，银行卡手续费占比迅速提升，体现了管理层对于信用卡业务的发展思路。其代理业务手续费、银行卡手续费以及结算和清算手续费三足鼎立。平安银行在零售业务上的优势为集团收入结构带来的改善十分明显。手续费占比的明显提升表明了公司零售银行的发展战略效果。

北京银行——利用地区优势发挥投行业务。北京银行依托地区优势积累了大量的国企客户，可以实现部分大型国有银行的主办银行经营模式。此外，还积极开展债券承销等投行业务来提高非利息收入。

南京银行——专注金融市场业务。南京银行走出了一条中小型商业银行发展非利息收入的新路，即依靠自身相对较强的同业运用能力和债券投资能力，在零售产品设计、投资收益实现等方面实现差异化的发展之路。

宁波银行——依赖信贷业务。宁波银行由于地处民营经济发达的江浙地区，贷款的主要对象是中小企业和私营业主，其发展非利息收入的思路是针对已有的以私营业主为主的高净值客户进行零售银行业务的拓展，体现为非利息收入中较高的银行卡手续费和代理服务手续费占比，但是这一模式的持续性值得怀疑。

从理财产品产业链的视角来看，资产管理产业链可以分为产品研发与创新、投资管理业务、投资咨询业务、产品销售渠道业务、产品运营管理、客户服务、品牌营销与增值等环节。银行资产管理业务不能脱离银行主业单独发展，银行资产管理各个环节也都依赖于银行已有的资源和业务能力禀赋。通过综合比较，在现阶段以理财产品为主的银行资产管理业务中，一些银行已经形成了优势（见表2-15）。

表2-15　银行资产管理业务竞争优势格局

银行类型 ＼ 理财产品产业链	产品研发与创新	投资业务	投资咨询	销售渠道	产品运营管理	客户服务	品牌营销与增值
大型国有银行				中国银行 工商银行	工商银行	工商银行 农业银行	
股份制银行	兴业银行	兴业银行 光大银行	招商银行		兴业银行	民生银行 招商银行	光大银行 招商银行
中小型银行	平安银行	南京银行				北京银行 平安银行	

第二节　银行资产管理业务面临的新背景

一、宏观经济形势的变化

1. 经济增长进入换挡调整期

新一届政府在宏观经济政策上更为强调"调结构、促改革与稳增长"之间的均衡，为了给结构调整和经济改革提供平稳的经济环境，对经济增长的回落有了更大的容忍度。从长期来看，按照中共十八大对2020年前中国经济增长目标的规划，2013~2020年我国经济年均增长达到6.8%就能实现长期增长目标。考虑到经济增长对就业的拉动效应，7%~8%的年均增长是中央对经济增长的底线，因此GDP增长率将会由过去年均超过10%的高速增长区间进入中速增长区间。

经济增速放缓客观上对银行资产管理业务的投资范围和投资对象产生了不利影响。但是，经济结构调整也为银行资产管理业务提供了新的投资方向，比如淘汰落后产能过程中产生的不良贷款处置和企业并购重组等投资机会，新型城镇化过程中产生的基础设施建设、PPP 项目、资产证券化以及地方债、市政债等投资机会。

　　2. 宏观调控朝市场化方向转变

　　（1）利率市场化加速推进。1996 年，我国启动利率市场化改革进程。2003 年，人民银行公布了《2002 年中国货币政策执行报告》，正式提出我国利率市场化渐进式改革思路，即先外币、后本币，先贷款、后存款，先长期大额、后短期小额。我国利率市场化改革的目标正式确立，即建立由市场供求决定金融存贷款利率水平的利率形成机制，中央银行通过运用货币政策工具调控和引导市场利率，使市场机制在金融资源配置中发挥主导作用。

　　目前，我国在包括国债市场、金融债券市场、企业债券市场在内的金融市场上已经基本实现了利率市场化。以银行同业拆借市场，银行间债券市场，贴现、转贴现和再贴现市场为代表的货币市场也已经基本实现了利率市场化。金融机构贷款基础利率集中报价和发布机制已开始运行，贷款利率市场化已经完成。中共十八届三中全会对金融改革的部署中，进一步聚焦利率市场化改革，强调继续扩大市场定价的金融产品的范围，继续推进存款的利率市场化，完善利率的市场形成机制。2015 年 5 月 1 日出台了《存款保险条例》和面向存款类金融机构的存款保险机制，为金融业稳健可持续运行和存款人权益保障提供了制度保障。2015 年 10 月 24 日，央行下调机构存贷款基准利率和存款准备金率，并对商业银行和农村合作金融机构等不再设置存款利率浮动上限。市场对"双降"表示了极大的关注，但实际上，放开存款利率上限才真正触及了我国金融体制改革的根本环节，标志着近 20 年的利率市场化改革基本完成（见表 2-16）。

随着利率市场化的完成，金融产品市场定价范围会扩大，影响着银行资产管理业务和产品的风险收益结构，具体表现在创新基础金融工具种类、负债管理模式分化、资产配置结构变化、投研体系改革升级、全行资产负债表层面管理利率市场化之后带来的一系列新的风险形式等。

表 2-16　我国利率市场化进程

时间	措施
1996 年	放开银行间同业拆借利率
1997 年	建立银行间债券市场，放开债券回购和现券交易利率
1999 年	国债发行开始采用市场招标形式
2005 年	放开金融机构同业存款利率，启动债券远期交易
2006 年	建立 Shibor，启动本币利率互换交易
2012 年	降低存贷款利率浮动下限
2013 年	建立贷款基础利率集中报价和发布机制
2015 年	存款保险制度和存款利率浮动上限取消

首先，在存款利率市场化后，推出具有创新性的金融产品的能力，将直接影响着商业银行在金融市场的竞争力和市场地位，因此，加快资管产品创新步伐，丰富资管基础产品种类变得十分重要。以 2015 年 6 月推出的大额可转让定期存单为例，由于其相对国债和普通存单存在明显的流动性溢价和风险溢价，并且有做市商制度保证其二级市场流动性，是一种较好的低风险收益投资工具。中期来看，随着存款利率市场化进程的推进，金融机构对利率风险对冲需求越发强烈，利率衍生产品的交易将日趋活跃。按照产品属性和功能不同，可以将这些利率挂钩型金融产品分为三类：利率衍生产品、信用衍生产品、信用利差交易工具（见表 2-17）。从国际经验看，利率市场化推进的过程，基本上也是金融创新日趋活跃的过程，同时这个时期的金融创新主要集中在两个方面，一是规避原有的利率管制，二是管理利率市场化之后出现的风险。

其次，银行在负债管理模式上发生深层次变化，形成"存单负债+贷

表 2-17　利率市场化的资管产品创新

产品类型	功能和属性	主要产品代表
利率衍生产品	利率风险套期保值，有效规避利率风险	国债期货、国债期权、远期利率协议、利率互换、债券远期、债券借贷
信用衍生产品	有效分散信用风险	信用风险缓释凭证
信用利差交易工具	提高债券价格发现效率	追逐各类信用债利差的期货和期权产品

款+投资管理"（模式一）和"受托资产+主动投资管理"（模式二）两种主要模式，银行存款与理财产品在稳定银行负债不同功能属性上的区别将基本消除。同业和大额存单的推出、存贷比限制的取消及利率市场化等，削弱了传统银行理财业务作为存贷款替代工具的作用，促使银行理财业务向开放式净值型转化，回归资产管理本源。最终的均衡状态将取决于理财产品投资端表现和风险收益再平衡下的资产管理市场需求。

第一看负债端，存单与理财产品在利率形成机制上将完全趋同，但两者在交易流通和期限上稍有区别。银行可转让定期存单初期可以在银行间流通转让，后期将拓展到其他机构和个人，而理财产品不能流通转让，只能持有至到期。在期限上，央行对银行存单期限设置有管制，而银行理财产品的期限则由各行自主确定。但这两点对定价机制的影响十分有限。第二看资产端，上述两种模式的收益率曲线将产生明显差别，利差水平直接反映期限、信用和流动性溢价差异。《商业银行法》规定，存款利率市场化条件下的存款资金运用范围包括贷款和各类金融产品。但由于存款隐含了银行自身信用背书，所以其投资范围除了贷款以外，将主要局限于货币市场工具、国债、高评级信用债等高流动性资产。理财产品采用"受托资产+主动投资管理"模式，投资风格上将更激进，将债权直接融资工具纳入投资范围。这一工具虽然被银监会定位为所谓的标准化投资工具，但其中包含了非标资产，在流动性方面与标准化金融产品存在实质性差异，因此流动性溢价补偿了收益率水平。综合以上分析，模式二的收益率将高于模式一，且风险真正分散给了投资者。资管产品相对较高的收益率与其风险水平相匹配，完善了市场的有效性和投资工具谱系。伴随着投资者风险偏好分化和资产管理市场的风险收益重构，资管产品最终与储蓄存款形成相对稳定的市场格局。

再次，在资金运用方式上，利率市场化将改变资产管理机构的资产配置结构。对比国外利率市场化进程可以发现，从维持收益的角度考虑，存款利率市场化将导致资产管理机构加大对政策性信用债和高等级信用债的配置需求。考虑到利率市场化对金融机构资产的安全性、流动性和收益性提出了更高要求，除了增加信用债、股票等高收益标准化资产的配置以外，对债权类资产、附回购的股权类资产的非标准化金融资产的配置需求也将逐步加大。

最后，在投研体系建设方面，负债端成本提升对银行资产管理业务的投资回报率提出了更高要求。因此，通过产品分层结构、适度杠杆、资本市场中介业务，银行需要加强对利率走向的专业投研能力，从而有效控制风险，提高收益水平。

（2）资本项目管制放松及人民币国际化。按照资本项目自由化的进程安排，目前已经通过配额管制，允许境内外双向资本流动。2003 年启动合资格境外机构投资者（QFⅡ），允许外国投资者投资 A 股市场。2006 年启动合资格境内机构投资者（QDⅡ），允许国内金融机构投资国外股票和债券。2011 年 12 月启动人民币合格境外投资者（RQFⅡ），允许境外机构以离岸人民币资金投资国内股票和债券市场。2014 年 11 月上海证券交易所与中国香港联合交易所允许两地投资者通过当地经纪商买卖规定范围内的对方交易所上市的股票，正式开始两地互联互通机制试点，沪港通进一步促进中国内地和中国香港资本市场的双向开放。2015 年 10 月 30 日，央行联合各相关部委和上海市政府发布了《进一步推进中国（上海）自由贸易试验区金融开放创新试点　加快上海国际金融中心建设方案》（又称 40 条），在自贸区先行进行人民币资本项目可自由兑换的试点（见表 2-18）。

表 2-18 近期资本项目管制的放松和人民币国际化政策梳理

时间	政策
2011 年 12 月	RQFⅡ试点，允许离岸人民币投资国内股票市场和银行间债券市场
2012 年 3 月	国内所有企业都能使用人民币进行所有经常项目交易结算
2013 年 5 月	央行公布 RQFⅡ试点计划账户开立和结算流程
2013 年 7 月	央行对非金融机构人民币经常账户结算、国外贷款和人民币债券发行、国内银行的国外融资业务简化业务流程，放松监管要求
2013 年 8 月	成立上海自由贸易区，简化或取消 QDⅡ外汇管理和审批手续
2014 年 11 月	沪港通开通，允许两地投资者交易对方市场的股票
2015 年 10 月	上海自贸区进行人民币资本项目可自由兑换先行先试

我国人民币国际化按照十八届三中全会的改革总体思路，坚持先长期后短期、先实体后虚拟、先机构后个人的原则，促进人民币境内外投资和跨境流通。人民币资本项下管制的放松和人民币的国际化基本上分四步走：①继续扩大 QFⅡ、QDⅡ和 RQFⅡ试点规模和机构范围，进一步开放部分长期债务和主权债务市场，在适当时机彻底取消跨境投资配额限制；②将人民币跨境投资合格投资者范围由机构扩大到个人，允许国内个人直接投资境外市场，允许境外个人投资者以离岸人民币直接投资国内资本市场；③推动国内企业直接在离岸市场发行人民币计价债券，允许外国公司在国内发行人民币债券；④以自贸区为依托，推进人民币资本项目可兑换和人民币跨境贷款及国外融资进程。综合来看，这四部曲都在紧锣密鼓地推进，并取得了积极成果。

人民币国际化背景下的资管产品创新如表 2-19 所示。

表 2-19 人民币国际化背景下的资管产品创新

业务模式	资管产品创新模式
贸易融资	离岸贴现类资管产品、离岸福费廷、离岸出口押汇、双保理离在岸融资资管产品
汇率利率对冲	离岸人民币远期汇率交易、离岸人民币汇率期权挂钩型结构性理财产品
证券投资和另类投资	国外市场 ETF 和 ETF 联接基金，全球债券、股票、衍生品投资和国外房地产投资基金
资本募集	投资离岸人民币债券或股票定向增发的基金或资管产品
国外并购	申请 QDLP 资格，为中资企业国外并购提供资金支持

资本项目可兑换对资产管理行业的影响体现在以下几个方面：

第一，未来资管产品发行和交易将逐步由国内市场扩展到离岸人民币市场，离岸资管产品将更多地面向离岸市场的机构投资者。

第二，在产品创新方面，受益于人民币跨境贸易和融资活动的活跃，资产管理的产品创新将产生依托银行体系和金融市场的两种模式。依托银行体系模式的创新动力主要来自跨境贸易融资业务规模的增长。依托金融市场的创新驱动则来自企业汇率风险管理需求和国外资金募集、并购需求，以及客户对资产全球配置的强烈需求。

第三，在资金来源上，一方面，离岸人民币市场庞大的人民币资金通过 RQFⅡ 回流本币市场，扩大了国内资产管理市场规模，增加了对大类资产配置的需求；另一方面，考虑到个人合格投资者可能成为下一步 QDⅡ 和 QFⅡ 的开放对象，这一改革举措将进一步优化资产管理行业的资金来源结构。目前，已经有超过 24 家机构获得 RQFⅡ 牌照，审批投资额超过 2000 亿元人民币，而 QFⅡ 的总配额也已经从 300 亿美元上升至 800 亿美元。

第四，在受托资金运用上，资本项下双向投资的逐步放开，将显著扩大国内资金在国外投资的范围和领域，包括进一步放宽证券投资品种限制，放松银行境外本外币贷款监管规定和简化国内企业境外借款的审批监管等。

第五，在投资管理上，投研体系转型将适应国外市场投资要求，完善投研流程来提升国外证券投资的风险控制水平，从而进一步提升资产管理机构的跨境资金配置能力和投资回报。

资管机构在人民币国际化中的优劣势对比如表 2-20 所示。

表 2-20　资管机构在人民币国际化中的优劣势对比

资产管理机构	优势	劣势	业务交叉之处
商业银行	● 境内清算网络及沉淀资金优势 ● 客户基础广泛	产品以固定收益为主，非固定收益类市场投资经验匮乏	商业银行及券商、基金在人民币债券产品的发行和交易上存在竞合

资产管理机构	优势	劣势	业务交叉之处
券商、基金	● 非固定收益类投资领域投资经验丰富 ● 承销经验丰富 ● 衍生品类产品专业化程度高	固定收益类产品资源及客户基础薄弱	商业银行及券商、基金在人民币债券产品的发行和交易上存在竞合

在资本项目管制逐步放松以及人民币国际化逐步推进的过程中，必然有越来越多的金融机构尝试将原来主要局限在本土市场的资产管理平台拓展打造为全球资产管理平台，以适应客户对资产进行全球化配置的需求。参与这一竞争的，不仅有本土的商业银行、证券公司、基金公司和保险公司、信托公司等机构，还有第三方理财机构等，同时，外资金融机构也会发挥自身在国际市场的优势参与这个过程。

3. 多层次资本市场健全与发展

中共十八届三中全会明确了资本市场市场化改革方向，要求健全多层次资本市场体系，推进股票发行注册制改革，多渠道推动股权融资，发展并规范债券市场，提高直接融资比重。未来改革进程将遵循市场化原则渐次展开：完善新三板①制度，扩大资产证券化规模和基础资产来源，构建优先股制度，开拓新的股权融资渠道，股票发行由核准制过渡到注册制等。

目前已经实现的改革目标包括：①从 2013 年底新三板扩容，266 家企业集体挂牌，到 2014 年 8 月新三板做市商系统正式上线，中小企业到新三板挂牌的意愿大幅提高。到 2014 年底，新三板挂牌企业 1532 家，总股本 631.46 亿股。相比 2013 年全年分别增长 3.3 倍、5.5 倍。截至 2015 年

① 新三板市场原指中关村科技园区非上市股份有限公司进入代办股份系统进行转让试点，因为挂牌企业均为高科技企业而不同于原转让系统内的退市企业及原 STAQ、NET 系统挂牌公司，故形象地称为新三板。新三板的意义主要是为尚不具备上市条件的公司提供一个股权交易的平台。目前，新三板已不再局限于中关村科技园区、天津滨海、武汉东湖以及上海张江等试点地的非上市股份有限公司，而成为全国性的非上市股份有限公司股权交易平台，主要针对的是中小微型企业。

10 月底，新三板挂牌企业家数已近 3800 家。②上海证券交易所个股期权试点已于 2015 年 2 月 9 日上市，个股期权将成为股指期货之外新的做空和风险对冲工具。③中国证券金融公司从 2014 年 6 月 23 日起扩大转融券业务试点范围，试点证券公司由原来的 30 家增加至 73 家，转融券标的证券数量将由原来的 287 只股票增加至 628 只股票。

近期改革目标：推进股票发行注册制改革。目前正在修订的《证券法》已经将"股票发行注册制改革"确定为修改内容。股票发行注册制改革则取决于股市做空机制的完善、信息披露和投资者保护机制的建立等条件。

中期改革目标：创新产品种类，完善股市做空机制和交易机制。一是将融资融券试点标的股扩大到所有股票，试点机构扩大到所有符合条件的券商；二是资产证券化的基础资产类型将进一步放开，资产证券化模式也日趋多元化，包括证监会推动的企业资产证券化，交易商协会推动的资产支持票据嵌入信托的模式以及银监会和央行试点的信贷资产证券化模式；三是尝试蓝筹股"T+0"交易，提升资本市场定价效率。

综合来看，多层次资本市场建设进程将影响资产管理行业的业务架构、产品创新、交易模式、资产配置、风险控制等环节。

（1）在业务架构上，资产管理机构的传统业务角色将发生变化，从突出交叉销售功能过渡到提供交易结构设计、产品存续管理、支付结算等全方位的资产管理综合服务功能。

银行资产管理业务模式的角色定位如表 2–21 所示。

表 2–21　银行资产管理业务模式的角色定位

业务模式	资产管理机构角色定位
新三板股权交易	并购夹层基金资金方、并购重组交易结构组织
资产管理项下创设资产证券化产品	发行承销、资产管理嵌套 SPV 的交易结构设计、贷款服务机构功能
个股期权和优先股投资	产品设计、发行、投资分析、投资监控

（2）在产品创新上，基础产品门类将逐步丰富，一方面，适应银行资产管理业务模式，由银行开发的资产证券化产品和附加个股期权的股票对冲资管产品将逐步在市场上出现。另一方面，随着私募证券基金向对冲基金转型完成，围绕高收益对冲基金的销售或代销产品也可能涌现。

资产证券化深刻地影响着资产管理行业，并在业务架构和产品上不断创新。业务架构上的创新是资产管理项下创设资产证券化业务模式，传统的资产管理机构职能将涵盖资产证券化收益凭证的发行、结构化交易结构设计、贷款服务功能等。具体到产品创新层面，资产证券化包含三种模式：一是信托资产支持票据模式；二是企业资产现金流支持的资产证券化；三是银行信贷资产证券化。另外，从收益角度看，资产证券化的开展可能显著降低资管市场产品平均收益率，在目前的市场环境下资管机构是否能顺利发行还有待进一步观察。

（3）在交易模式上，随着股指期货和个股期权等风险对冲工具的丰富、融资融券标的股范围的扩大以及"T+0"交易的推出，量化投资和程序化高频交易将成为投资管理业务的主流趋势。因此，新的交易模式对交易执行和交易系统的稳定性、可靠性、安全性提出了更高的要求。

不同资管机构资产证券化的比较如表 2-22 所示。

表 2-22　不同资管机构资产证券化比较

模式	优势	劣势
ABN 发行嵌入信托 SPV 模式	模式最优，发行效率高，对投资者保护最完善	信托 SPV 模式还没有试点推开
企业资产证券化	模式运作已相对成熟	发行期限长，缺乏优质标的资产
信贷资产转让平台的设立和信贷资产证券化	优质信贷资产容易获得较高的外部评级	只能在银行间市场流转，模式尚在探索

（4）在资产配置和风险控制方面，穿越宏观周期波动和有效控制信用风险是核心要求。除了加大对高资质项目的投研和配置力度以外，长端通过资产证券化、夹层并购等结构化融资方式提升优质资产配置，短端提高

对债券、货币市场工具、资本市场工具、国债期货等高流动性资产的投资，从而提高对流动性风险的应对能力。

二、资产管理需求的变化

银行资产管理需求的变化可以从总量和结构两个维度进行分析。前者主要表现为社会财富增长和储蓄率下降，后者主要表现为需求主体的多元化。

1. 需求总量的变化：社会财富增长与储蓄率下降

在需求总量方面，主要表现为社会财富的增长和储蓄率的下降。前者产生正面影响，而后者产生负面影响。2014 年，我国人均 GDP 已近 7500 美元。社会财富快速增长为资产管理业务发展提供了强有力的支撑，因此过去 5 年银行资产管理规模的年复合增长率超过 20%。为了在 2020 年全面建成小康社会，中共十八大报告提出"实现国内生产总值和城乡居民人均收入比 2010 年翻一番"。届时中国人均 GDP 将超过 1 万美元，社会财富积累大幅增加，高净值人群数量进一步扩容，为银行资产管理创造了触手可及的"蓝海"市场。不利的因素是，目前我国的人口结构总体面临劳动人口下降、老龄化加剧、生育率下降等问题，人口红利快速消退必将导致储蓄率下降，从而影响资产管理的资金来源以及风险偏好。

2. 需求结构变化：主体多元化

在需求结构方面，当前银行资产管理的需求主体比以往更加多元化。按照投资者的性质不同，可以把银行资产管理的需求主体分为居民、企业和金融机构三类。居民的资产管理需求主要包括小额现金管理、资产投资、家族财富管理三个方面：在小额现金管理方面，个人投资者更加偏好安全性，要求的收益率基本与货币市场收益率挂钩；在资产投资方面，个人投资者的风险偏好相对较高，期望获得较高的收益；在家族财富管理方面，个人投资者关注持续财富管理和财产传承。企业的资产管理需求主要基于企业现金管理和投资回报方面的考虑，偏好针对性较强的对公理财产品和集合信托计划等。金融机构的资产管理需求不但包括对自由资金的投资运用，还包括在一定范围内的代客投资，风险偏好相对复杂。

三、市场竞争格局的变化

2012 年以来，监管层推出了一系列市场化改革措施，逐步打破了银行、券商、保险、基金、信托、期货等各类资产管理机构之间的竞争壁垒，形成了相互交叉、跨界竞争、创新合作的发展态势，进入了所谓的"大资管时代"。2014 年末，信托、保险、券商、基金等机构的资产管理规模已分别达到 13.04 万亿元、9.33 万亿元、7.95 万亿元、10.4 万亿元，合计约占到"大资管"市场份额的 70%，对银行资产管理业务形成了强大的竞争压力（见图 2-6 和图 2-7）。

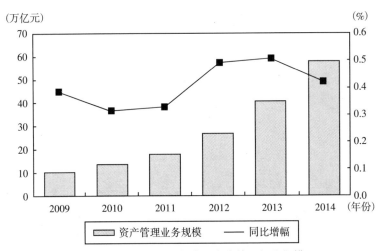

图 2-6　2009~2014 年我国资产管理行业规模

资料来源：根据智信资产管理研究院公开资料整理。

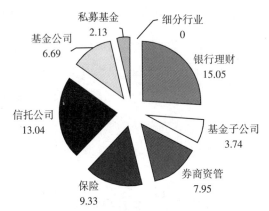

图 2-7　2014 年资产管理行业规模分布（万亿元）
资料来源：根据智信资产管理研究院公开资料整理。

分行业看，银行在资金与客户资源上的垄断地位，信托在市场跨度上的制度优势使两者资管业务发展大幅领先其他竞争对手。虽然 2008~2012 年资本市场低迷，削弱了从事风险市场投资管理的公募、券商及私募基金相关机构的发展能力，但进入 2013 年后随着监管部门放松管制，券商、公募基金（基金子公司）管理资产的规模均出现爆发式的增长。

资产管理规模分行业增速变化如图 2-8 所示。

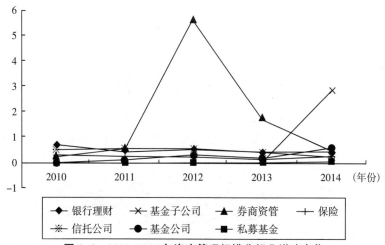

图 2-8　2010~2014 年资产管理规模分行业增速变化
资料来源：根据智信资产管理研究院公开资料整理。

下面，对各类非银行资产管理机构进行比较分析：

1. 信托公司

以管理资产规模计，信托业已成为国内仅次于银行的第二大金融部门，其管理的资产规模连续四年保持 50% 以上的增速。在自有资本、客户、销售渠道及投资能力均不占有优势的背景下，制度优势成为信托业务快速壮大的主要推动力量。在起步阶段选择与银行合作固定收益特征的"融资信托"业务，既满足实体经济的融资需求，又符合投资者对低风险、多元化资产配置的需要，管理资产随之急剧膨胀；在受到市场认可后，信托则由为银行提供通道服务的被动管理模式向"事务管理信托"等主动管理业务模式过渡，从而维持了行业规模的高速增长态势。

（1）产品规模。2008~2012 年信托受托资产规模及增速如图 2-9 所示。

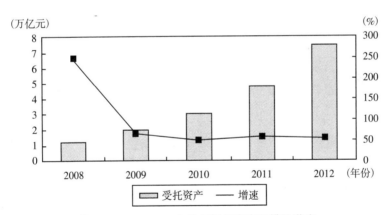

图 2-9 2008~2012 年信托受托资产规模及增速

（2）收益类型与期限结构。银信、证信合作方式的大量采用，使信托理财产品在现阶段的"刚性兑付"预期强烈，其固定收益属性并不亚于银行理财产品，收益率总体高于银行理财的预期收益率水平。2010~2014年，信托公司分别为受益人创造了 4.63%、4.30%、6.33%、7.04%、7.52% 的年化综合实际收益率。

期限结构灵活能够满足最大限度地匹配客户在不同收入阶段、投资周

期下的配置需要：据 Wind 统计，截至 2012 年末，处于运行状态的 9700
余只信托产品中，约 65% 的产品明确存续期，由最短 1 个月至最长 50 年
不等，其余 35% 在期限结构上未做限制。

不同类型信托产品的占比变化如表 2-23 所示。

表 2-23 不同类型信托产品的占比变化

单位：%

年份	证券类	贷款类	债券类	权益类	股权类	融资租赁	组合投资	买入返售	其他
2005	5.16	42.39	1.88	0.21	—	0.06	—	—	0.07
2006	15.53	27.42	1.21	0.63	0.12	0.05	—	—	0.01
2007	61.23	4.09	0.09	—	6.04	0.11	1.83	0.37	0.92
2008	22.52	12.50	25.2	0.95	1.35	0.05	1.48	0.95	1.08
2009	15.31	19.76	6.1	2.75	2.04	0.43	3.86	0.87	5.25
2010	9.97	14.49	4.15	12.58	17.35	0.02	5.32	0.78	4.29
2011	8.01	21.69	3.97	24.52	18.95	0.08	6.72	0.35	10.66
2012	7.81	24.09	13.47	22.09	6.53	0.15	7.02	0.49	18.35

（3）市场跨度。制度优势使信托公司相比其他财富管理机构具备多市
场、跨资产的产品设计能力，目前理财产品主要挂钩货币、利率、证券市
场等集中交易市场，在股权、商品等非标准化固定收益产品方面存在较大
优势。

2. 基金公司

基金管理公司是资产管理行业中证券类基础产品的提供者，按投资者
匹配类型可以分为面向一般投资者的公募型证券投资基金和面向高端客户
的私募型专户理财计划。在国内证券市场作为国内基金公司主要投资市场
的背景下，市场估值整体偏高、对冲工具相对有限使得基金公司进行投
资及风险管理的余地较小，理财产品市场吸引力持续下降，行业发展较
为缓慢。

（1）产品规模。截至 2014 年底，我国有基金公司 95 家，基金业资产
管理规模达 66811 亿元，比 2013 年增长 58%。其中，公募基金规模为

45364亿元，增长51%；非公募基金规模为21458亿元，增长76%。这已是非公募基金业务连续两年增速超过公募基金业务。

（2）收益率比较。各类公募基金净值收益率表现的差异主要来自股票、债券和现金配置结构的不同（见表2-24），从不同管理风格（主动管理型和被动管理型）、资产类别方面基本可以满足投资者证券类资产的配置需要。

表2-24 各类公募基金收益率比较

单位：%

年份	股票型基金	债券型基金	混合型基金	指数基金	ETF	货币型基金
2007	121.90	14.85	109.85	141.10	N/A	3.33
2008	−49.49	8.05	−46.03	−62.05	−64.79	3.57
2009	65.88	4.63	57.12	88.27	93.39	1.43
2010	3.81	7.12	4.58	−13.23	−12.80	1.74
2011	−23.82	−3.01	−21.42	−23.94	−24.23	3.31
2012	4.90	7.04	3.78	5.54	8.88	3.73

（3）市场跨度。从各类基金资产规模上看，股票和货币市场是公募基金的主要投资市场；与银行、信托类固定收益理财产品相比，公募债券型基金在年化收益率、回报确定性上逐渐处于劣势，在公募基金规模中占比已不足10%。

3. 证券公司

证监会在2012年出台了创新政策，在此之前券商资产管理业务发展缓慢，券商理财产品推出的效率和灵活性受产品发行审批制影响较大，公募、私募基金交叉导致市场竞争激烈，这些因素使得券商理财产品在2012年之前规模及增速大幅低于市场平均水平。但2012年监管放宽后，2014年券商资管规模的增速排名第二，其中定向资管产品占90%，与2013年的通道业务不同，券商资管业务的重心开始向主动管理回归，其主要优势在于对一级、二级市场的研究能力，以及出色的投资经验和团队。

（1）产品规模。历年券商集合理财规模及增速如图2-10所示。

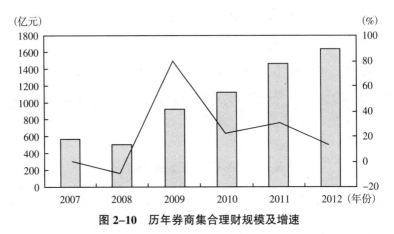

图2-10 历年券商集合理财规模及增速

（2）收益率比较。券商理财产品体系与公募基金相比同质化程度较高，投资风格相近，收益率受资本市场波动影响大，在历史表现上弱于同类基金。

（3）市场跨度。券商理财产品的主要投向是传统类证券资产。从集合理财的资产配置方向来看，股票市场行情低迷、固定收益产品需求旺盛以及理财市场本身竞争激烈都促使券商将受托资产更多地配置在债券、现金类资产上。目前，以基金为投资标的的基金中基金（FOF）产品数量已略超股票型理财产品（见图2-11）。

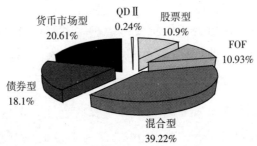

图2-11 2012年券商集合理财产品投向（按产品）

4. 阳光私募

（1）产品规模。据好买基金研究中心统计，截至 2012 年末，纳入统计的私募基金总数为 1059 只（见图 2-12），合计规模仅 1600 亿元（二级市场方向），平均规模为 1.51 亿元，管理资产规模增速仅为 14%，且主要来自产品发行数量的增加。

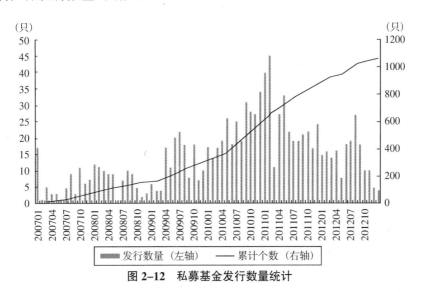

图 2-12　私募基金发行数量统计

（2）收益率比较。因为阳光私募的投资策略丰富多样，而且并不公开披露投资业绩，因此很难准确衡量阳光私募的投资表现。所以我们以朝阳永续发布的私募基金指数作为阳光私募收益率的代表，长期来看，阳光私募跑赢了市场基准，而且更加稳健（见图 2-13），但是该指数选取的样本存在明显的生存偏差，会造成投资业绩的高估。

（3）市场跨度。根据不完全统计，投资标的为股票和债券的私募基金分别占到总数的 71.07% 和 23.90%；其他类型如 QDⅡ型、对冲型、大宗交易型、定向增发型、套利非对冲型等合计占比约为 5%（见图 2-14），其中对冲型基金数量随着金融衍生市场的发展增长较快，出现了宏观策略、股票多空、相对价值套利等多种创新策略基金。

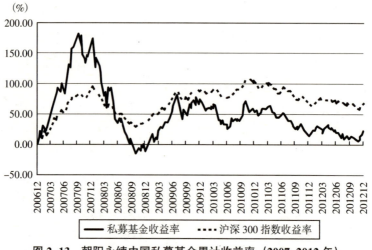

图 2-13　朝阳永续中国私募基金累计收益率（2007~2012 年）

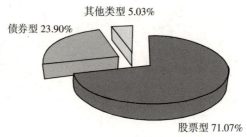

图 2-14　2012 年私募基金投向分类统计

5. 基金子公司

2012 年 10 月底，证监会发布《证券投资基金管理公司子公司管理暂行规定》，允许基金公司在境内设立的子公司从事资产管理业务。通过设立子公司，传统基金公司业务范围得到扩大，投资领域延伸到非上市股权、债权、收益权等实体资产新领域，使得基金公司在资产管理市场获得新的竞争力。截至 2014 年底，共有 74 家基金子公司开展资产管理业务，管理规模达 3.74 万亿元，同比增长 285%，其中，通道业务规模 2.23 万亿元。在成立后两年多的时间里，基金子公司凭借通道业务实现了规模的急速增长，业务类型主要涉及类信托领域，包括房地产融资、保障房建设、基建、委托贷款、租赁、小额贷款等，由于没有资本金限制，具备开展通道业务的优势，但通道类业务利润贡献率低，市场同质化竞争严重，风控和投后管理滞后，特别是商业银行资产管理业务开闸后，基金子公司通道业务的市场空间被进一步挤压。基金子公司已经开展和正在研究的业务模式如图2-15所示。

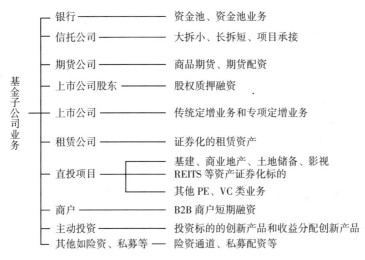

图2-15 基金子公司已经开展和正在研究的业务模式

随着监管理念的升级与监管措施进一步完善，基金子公司监管套利行为将逐渐终止。基金子公司必须借助母公司在投研方面积累的经验优势，拓展非二级市场的投资管理能力，将重心由通道业务转向主动管理业务，开展特定客户资产管理、基金品种开发、基金销售、客户服务等与基金公司经营范围相关的业务。不同基金子公司可以在资产证券化投资、基础设施投资、私募股权等特定领域及细分市场建立业务优势，或针对不同规模、不同类型、不同成长阶段的企业提供差异化服务。

综合上述各类开展资产管理业务金融机构的特点和表现，可以发现：商业银行在产品、客户体系上的综合竞争力优势较为突出；而证券公司、基金和信托在细分项上都具有各自较为鲜明的业务特色，但客户体系的短板使其难以充分发挥服务潜力，与目前我国资管市场的格局较为吻合——与银行合作、分享客户资源基本决定了行业发展速度（见表2-25）。

表2-25　资产管理行业机构业务能力比较

业务环节	业务能力	业务能力内容	商业银行	信托公司	公募基金	证券公司	私募基金
产品体系	供应能力	全市场、全产品的配置平台供给能力	√				
	创新能力	金融商品及配置工具的开发能力		√		√	√
	整合能力	标准化与非标金融产品组合能力	√				
投资体系	投资管理能力	受托资产的投资及风险管理能力			√		√
	资产组合能力	构建及管理资产组合能力	√	√			
	交易执行能力	交易及策略执行			√	√	
客户体系	客户覆盖能力	客户资源管理及评估体系	√				
	客户管理能力	客户风险承受及偏好评估体系	√				
	客户交互能力	客户沟通、互动及渠道管理					√
服务体系	个性化定制能力	金融解决方案定制服务		√		√	
	投资研究能力	健全的市场及产品研究体系				√	
	量化模型开发及应用能力				√	√	

第三节　银行资产管理业务发展的
"五化"趋势

在上述背景之下，近年来银行资产管理业务发展集中呈现业务定位本源化、产品类型净值化、投资品种大类化、盈利模式非利差化和组织架构独立化五大趋势。

一、业务定位本源化

传统的理财业务是银行在利率市场化过渡阶段进行"反金融脱媒"创新，其目的是保住存款和腾出信贷规模。为此，投资者普遍认为"银行存款只赚不赔"，进而将理财产品视为利率市场化背景下的存款替代品。无论是否保本，银行提供的理财产品预期收益率都是无风险收益率，银行承担了隐性担保，无论出现什么问题，银行都将刚性兑付。实践中，基于这一根本原因，银行基本上都按照预期收益率向客户支付收益，即使没有达到预期收益率，银行往往也以自有资金贴补客户收益。

银行对理财产品的这种隐性担保既违背了风险与收益匹配的原则，也误导了市场。其危害性在于：首先，导致行业不重视投资管理的过程；其次，导致行业只重视产品销售的能力，而不注重投资能力的培养；再次，扭曲了银行与客户之间的委托—代理关系，刚性兑付实际上增加了市场的成本；最后，刚性兑付之下，银行风险管理能力的建设完全滞后，只是简单粗放地一兑了事，不仅扭曲和弱化了市场约束机制，也不利于分散金融体系的系统性风险。当前资管规模与银行存款体量相当，如刚性兑付问题不解决，资管行业累积的风险一旦爆发，可能会出现系统性、区域性金融风险，最终甚至会影响到社会稳定。

传统的银行理财应当回归"受人之托，代为理财"的本质，强调"买者自负，卖者有责"的原则，明确以客户财富管理为核心的服务内容，银行代表客户在市场上进行投资，为客户财产的保值增值尽职工作。从这个意义上讲，资产管理业务是对商业银行传统经营理念的颠覆。因此，要发展资产管理业务，首先要树立全新的资产管理业务经营理念，理解并掌握资产管理业务的运作规律。

二、产品类型净值化

在"刚性兑付"之下，传统的银行理财产品大多采用预期收益率的发行方式。随着银行资产管理业务的正本清源，在监管政策的引导之下，银行资产管理业务在产品端进一步向基金化净值型产品转型，多家银行对产品体系进行了简化，以开放式产品逐步取代期次型产品，同时，净值型产品创新和发行力度加大（中国银行业协会，2015）。《2014 年中国银行业理财业务发展报告》显示，招商银行净值型产品占比超过 30%；工商银行则重点推动增利、尊利、稳利等的净值型产品线，传统期次型产品规模占比已由 2014 年初的 81%降至 31%。

从国际资产管理业务产品模式看，净值型产品是普遍使用的产品管理方式（中国银行业协会，2015）。现已成为国内商业银行一致认可的理财市场发展方向。在利率市场化改革加速的背景下，理财产品正朝着开放式、基金化的方向发展。理财产品按照净值模式运作的优势在于：基金化运作后投资者按照净值或估值获取收益，减弱刚性兑付的压力；开放式运作后客户可根据自身现金流的需求状况对理财产品进行申购和赎回，自主决定投资期限，降低了产品规模大幅波动的情形，有利于提升银行理财的流动性管理水平；基金化运作后将减少银行理财端的产品管理成本，减少对有限人力资源的占用，并减少操作风险。

近年来，我国银行在净值型产品形态和结构设计创新上的力度也持续增强。以工商银行为代表的商业银行充分发挥在客户、资金、渠道方面的优势，加大信息技术与银行经营管理的深度融合，积极应对各方挑战，创新推出了无固定期限非保本净值型产品。光大银行等多家银行依托银行大资金管理的经验和透明的投资报告体系，推出受托资产管理业务，根据投资者的风险承受能力和预期收益要求设立相应的投资目标，按照投资者对流动性、投资期限及其他个性化要求制定最佳的投资策略与资产配置方案，并在产品运行过程中根据宏观和微观层面的变化，对投资组合的资产运行情况进行动态调整和持续的风险监控，从而为投资者获取持续稳定的投资回报。农业银行、光大银行、平安银行等多家银行均推出了结构化理财产品，该类产品挂钩特定投资标的，通过在产品发售前约定投资标的与产品预期收益率变动的规则，以获得相应的投资收益。

三、投资品种大类化

经济改革发展和投资市场工具的不断丰富给银行资产管理业务投资带来了机遇。银行资产管理的投资对象不再限于类信贷资产和普通债券，而是扩展到包括股权、各类受益权、期货在内的各大类资产。银行资产管理不仅参与了国企改革、员工持股计划、国债期货等市场的投资，还积极开展了二级市场股票优先受益权投资、定向增发配资、股票市值管理、两融配资、量化对冲业务等新兴业务。较有代表性的三类新投资品种（中国银行业协会，2015）包括：

1. 股票市值管理类业务

2014 年 4 月，中国石油化工股份有限公司以全资子公司中国石化销售有限公司为平台对所属油品销售业务进行了重组。经重组后的销售公司拟通过增资扩股的方式引入社会和民营资本。针对此次改革,工商银行、北京银行等分别推出了第一单投资于混合所有制改革的理财产品,为个人客户提供了参与国企混合所有制改革的便利途径。光大银行亦针对大小非减持或员工持股计划等上市公司推出了股票市值管理业务,产品的结构设计和平仓止损条件参考该股票二级市场流动性和估值水平而定,业务模式与传统二级市场股票优先受益权业务较为类似,实现了员工与企业风险共担、利益共享,同时使高管、员工及重要加盟商能够跟中小投资者一样充分分享企业发展成果。

2. 国债期货类产品

在充分识别和管理国债期货风险的基础上,部分银行开发了投资于国债期货的理财产品,该理财产品除了投资于债券资产还将部分资金投资于国债期货市场,有效对冲理财产品面临的利率风险,减少投资组合市值因市场利率变化导致的波动,为促进理财产品由预期收益型向净值型转型提供了高效率、低成本的风险管理工具,增强了创新能力。

3. MOM 类产品

2014 年,多家银行大力推广 MOM(Manager of Managers)产品,即管理人的管理人基金,该基金经理不直接管理投资,而将市场中的管理人及各种策略集中到同一产品中,委托其进行管理。MOM 产品以“多元资产、多元风格、多元投资管理人”为主要特征,投资范围包含债券、股票、期货、基金、指数型 LOF 与 ETF 等多种资产类别。该类产品自问世以来,经历了较广泛的投资运作和市场检验,获得了投资者的认可。目前,工商银行通过该种模式管理的净值型产品已超过 1300 亿元。

四、盈利模式非利差化

在以预期收益型产品为主的阶段，银行理财业务的收入主要是资产端和负债端的利差以及托管费、管理费收入。在推进产品类型净值化和投资品种大类化转型的基础上，结合风险管理能力的提升，优化银行资产管理盈利模式的条件相对成熟。在此背景下，部分银行顺势改变传统的利差盈利模式，减少对资产端和负债端利差的依赖，构建了以"固定费用+业绩分成"为主要收入来源的盈利模式。具体来说包括两个方面：一方面，按照产品发行规模，收取固定比例的管理费；另一方面，依据资产计量和产品估值体系产生的业绩基准，对超过业绩基准的超额收益部分，由银行与客户按照约定比例分成，获取业绩分成。从更高的视角看，资产管理盈利模式非利差化有助于推动传统银行向交易型银行方向转变。这要求银行在平衡好理财业务多元目标的基础上，增强资产管理业务盈利能力，将资产管理业务打造为利润中心，并为客户提供个性化的资产管理服务，有效提升客户黏性。

盈利模式的转变最终依赖于创新能力的提升。2012年以来，由证监、保监部门牵头发起的业务创新浪潮涌现，陆续出台了数十项推动券商、基金和保险机构发展的制度和措施，进入大资管时代的券商、基金、保险、信托等机构对资产管理业务投入了前所未有的热情，深远地影响着国内资产管理市场的竞争格局，对银行资产管理业务的领先地位提出严重挑战。这些非银行金融机构在资产管理业务上的创新举措在增强其市场竞争力的同时，为银行理财投资提供了新的通道，也为银行理财产品销售提供了新的平台，还为银行理财提供了新的资金来源。银行理财应放眼于整个资产管理和财富管理行业，以全局性视野来思考和定位，充分发挥背靠银行的独特优势，发挥银行集团竞争的优势，积极借鉴国际资产管理机构，尤其是国际领先银行资产管理机构在业务模式、组织架构、流程分工、人员配备、产品体系等方面的做法，探索适合我国银行理财业务的管理体系和组织架构，明确银行理财业务转型发展的路线图和时间表。

五、组织架构独立化

为提升商业银行资产管理业务的综合管理水平，在银监会监管指导和行业自律组织的引领下，当前银行资产管理业务的组织架构也在不断进行探索和调整，正在按照"二级部——一级部—事业部—子公司"的路径逐步向前摸索。

2014 年，银监会下发《关于完善银行理财业务组织管理体系有关事项的通知》，规定商业银行按照四项基本要求和五大分离原则积极推进理财事业部改革（中国银行业协会，2015）。一方面是按照单独核算、风险隔离、行为规范、归口管理等基本要求开展理财业务事业部制改革，设立专门的理财业务经营部门，负责集中统一经营管理全行理财业务。另一方面是理财业务与信贷等其他业务相分离，建立符合理财业务特点的独立条线风险控制体系；同时实行自营业务与代客业务相分离、银行理财产品与银行代销的第三方机构理财产品相分离、银行理财产品之间相分离、理财业务操作与银行其他业务操作相分离。

通过理财事业部对代客理财业务实行闭环管理，从而实现真正的风险隔离，解决理财业务的独立性问题，使理财业务回归"受人之托、代人理财"的本质，真正做到"卖者有责、买者自负"。事业部制改革有效地解决了银行内部理财业务多头管理问题，实现了理财业务的统一归口管理，进而优化了理财产品研发设计、组合管理、产品销售、风险管理和内部控制等环节，推动了理财业务的规范化、专业化和精细化发展。

截至 2014 年末，已有 453 家银行业金融机构完成了理财业务事业部改革（中国银行业协会，2015）。目前，理财事业部改革采取以下四种模式：①总行设立资产管理部（一级部），分行设立分部，如国有银行。②总行设立资产管理部（一级部），不在分行设立分部，分行仅承担营销职能，如部分股份制银行。③总行设立资产管理部（二级部），如部分农商行，由于理财业务规模较小，在金融市场部下设资产管理二级部统一管理理财业务，代销业务由零售负责。④总行设立理财业务协调委员会，如外资银行主要采取这一模式。光大银行、浦发银行等多家股份制银行甚至已经提出将理财业务拆分设立资产管理子公司的方案。

需要强调的是，各行之间存在差异，不存在最优的组织架构。银行资管业务围绕着投融资需求，需要内部投行部、私人银行部（财富管理部）、金融市场部、分支行多部门的协同。实践中，部门利益至上、流程重叠交叉、协调成本高、信息沟通不畅等问题时有发生，协同难度相当大，如果简单采取子公司模式可能会更难做到部门之间的协同和资源共享。因此，现阶段，各家银行应当从如何提升综合服务能力出发，根据内部的实际情况来考虑是设置资管事业部还是设置资管子公司的问题。

第三章　互联网时代银行资管业务的新图景：资产管理3.0

在国家"互联网+"政策引导和带动下，伴随着新一轮信息技术的发展，以移动支付、大数据和社交网络等为代表的新技术与传统金融业务快速融合，带动互联网金融蓬勃发展，对商业银行资产管理产生巨大影响。本章重点总结了新兴互联网金融公司资产管理业务的发展历程和现状，剖析其主要模式和特点，在对比分析商业银行面临新挑战的基础上，提出在资产管理3.0时代，商业银行的应对之策。

第一节　新兴互联网金融资产管理快速发展

一、互联网金融资产管理的定义与范畴

近年来，互联网金融快速发展，从小额支付、网络融资和投资理财等角度全面切入，对包括资产管理在内的商业银行业务经营造成很大冲击和影响。从广义上讲，传统商业银行资产管理业务的电子化发展、网络化营销以及互联网企业借助信息技术向客户提供资产管理金融服务均可视为

"互联网金融资产管理"。从狭义上讲,互联网金融资产管理指的是非银行类金融机构,特别是互联网公司通过互联网渠道,直接或间接向客户提供的第三方(包括银行发行)金融产品和服务。本章侧重探讨非银行金融机构从事互联网金融业务对商业银行资管业务的影响,故采用狭义的互联网金融资产管理业务概念。

二、互联网金融资产管理业务发展历程和现状

从互联网金融资产管理业务发展历程看,2013 年以前,虽然商业银行通过网银、手机银行等渠道,开展了理财产品的网销,但主要是单纯的资管线上渠道拓展。2013 年是中国互联网金融的发展元年,以余额宝为代表的互联网理财对商业银行资管业务带来很大的冲击和影响,开启了全新的互联网金融资产管理新时代。

2013 年 6 月 13 日,阿里巴巴旗下的支付宝与天弘基金联合推出余额宝,短短一年时间内规模突破 5500 亿元,成为市场关注热点,天弘基金也因此成为国内最大、全球第三大货币基金。此后,苏宁零钱宝、腾讯理财通、百度百发、京东小金库等众多互联网理财产品相继推出,大有颠覆市场格局之势。在互联网企业纷纷进军理财市场、"宝宝"类军团迅速扩容的背景下,从 2014 年开始,商业银行、基金公司等传统金融机构纷纷推出自己的"宝宝"类产品进行应对。截至目前,互联网理财市场上已形成了基金系、银行系、第三方支付系、代销系四类"宝宝"相互竞争的新格局。

2014 年下半年开始,互联网理财产品所挂钩的货币基金收益持续走低,投资回报吸引力下降,"宝宝"类互联网理财产品的势头开始减弱,当年第三季度产品规模开始出现负增长。面对新的形势,互联网金融理财开始向 P2P 等新兴领域转型。如很多 P2P 平台以理财产品的方式吸纳资

金，凭借以 8%甚至更高（部分可达 24%以上）的年化收益率吸引客户，其吸引力远超收益率为 4%~6%的银行理财产品，陆金所、红岭创投等部分以证券化资产销售模式为主的 P2P 平台，实际上就是将其信贷资产打包成理财产品，然后销售给投资者。此外，阿里巴巴招财宝平台上线，力图通过引入各类金融机构打造一个撮合投资交易的开放平台。

面对互联网理财的爆发，为留住客户和存款，商业银行积极变革，不再局限于传统的服务模式，而是通过互联网来提升产品和服务的灵活度及客户体验度。工商银行、农业银行等大型商业银行，以及民生银行、招商银行、平安银行、兴业银行等多家股份制银行和中小型银行纷纷开展创新，或推出直销银行，或以子公司等模式开展 P2P 等业务，加速布局互联网金融领域。

三、互联网金融资产管理的主要模式分析

孙冉（2015）等研究认为，国内互联网金融资产管理的主要模式可分为网络理财模式、基金平台模式和网络比价搜索模式三大类。本书结合国内互联网资产管理发展趋势和特点，将国内互联网资产管理分为四大类：一是以余额灵活理财为主的货币基金类理财产品模式，主要包括互联网企业、第三方支付机构、基金公司等推出的"宝宝"类理财产品。二是以招财宝和陆金所为代表的理财与项目直接对接模式。三是以基金产品为代表的数据分析与直销平台模式，如东方财富网、天天基金网、数米基金网、好买基金网等。四是理财产品网络比价搜索平台模式，如融 360、91 金融、银率网、好贷网等。

1. 货币基金理财模式

作为"宝宝"类产品的代表，余额宝在我国互联网金融资产管理历史上具有重要代表性。它是由天弘基金与支付宝于 2013 年 6 月联合推出的

一款互联网理财产品，其实质是将基金公司的直销系统嵌入支付宝网站，用户将资金转入余额宝时，支付宝和天弘基金在后台为用户完成基金开户和天弘增利宝货币基金的实时申购。鉴于余额宝具有不设投资门槛和投资期限、初期收益超过 6%、转入转出资金方便、操作简单等优点，短短一年时间内规模突破 5500 亿元，成为国内最大、全球第三大货币基金。在余额宝的带动下，截至 2015 年 3 月末，46 家机构共推出 73 款"宝宝"类理财产品，规模超过 1.6 万亿元。其中，基金系"宝宝"产品 37 个，银行系"宝宝"产品 14 款，第三方支付系"宝宝"产品 14 款，代销系"宝宝"产品 8 个，基本实现了主要大型商业银行和互联网巨头的全覆盖。

2. 理财与项目直接对接模式

（1）"招财宝"类产品。随着货币基金收益下降和同业竞争加剧，互联网金融平台也开始悄然转型，由单纯的渠道提供商向综合金融服务商转型。其中，阿里巴巴的招财宝模式很有代表性。招财宝公司为蚂蚁金融服务集团旗下子公司，2014 年 8 月，招财宝平台上线，其通过引入各类金融机构，打造了一个撮合投资交易的开放平台。招财宝平台主要有两大投资品种，第一类是中小企业和个人通过该平台发布的借款产品，并由银行、保险公司等金融机构或大型担保机构提供本息保障；第二类是由各类金融机构或已获得金融监管机构认可的机构通过该平台发布的理财产品。投资人则可以通过该平台向融资人直接出借资金或购买理财产品，以获得收益回报。值得关注的是，"定期理财随时变现"的创新成为招财宝的标志，理财产品主要包括借款产品、保险产品、基金产品三种，交易主要涉及购买、预约、变现、查询等服务。

（2）P2P 类产品。P2P 融资（Peer-to-Peer Lending）即点对点信贷，是借助互联网平台进行资金借贷双方的信息匹配和交易撮合，实现个体之间、个人与企业或企业与企业之间直接信贷的一种新型融资模式，是当前互联网金融的重要组成部分。据统计，截至 2015 年 6 月底，中国 P2P 网贷正常运营平台数量为 2028 家，相对 2014 年底增加了 28.76%，累计全部成交量已经超过了 6835 亿元，上半年累计成交量达到了 3006.19 亿元，月均增速高达 10.08%。按照目前的增长态势，预计 2015 年下半年 P2P 网贷行业成交量将突破 5000 亿元，全年成交量将突破 8000 亿元，当前我国已超越美国成为全球最大的 P2P 交易市场。

王曙光和张春霞（2014）的研究认为，目前，我国 P2P 平台融资模式主要可以分为四类：以红岭创投、拍拍贷为代表的无担保线上模式，以安心贷、人人贷为代表的有担保复合中介型线上模式，以合力贷为代表的线下认证模式，以及以宜信为代表的非典型 P2P 模式。

综合近期政策导向和相关文献研究，笔者认为国内 P2P 发展可以分为无担保（单纯中介）和有担保两大模式。其中，无担保模式更符合监管的导向，即网络借贷平台的角色仅限于"牵线人"，负责考察借款人的资信状况，但不承诺保障出资人的本金，借款人和出借人在公司平台上自主完成交易，如红岭创投、拍拍贷等是此类平台的代表。有担保的模式主要通过引入担保公司、风险保障金（包括保险公司）等风险补偿方，来分担投资者风险，如陆金所引入平安保险，安心贷对于平台出资人的借款提供连带保证，而人人贷为理财人提供了本金保障计划。

此外，招商银行、包商银行等也推出各自的 P2P 平台或产品，但不同于互联网公司的 P2P 业务，商业银行 P2P 主要从事低风险的票据类产品。通过提供高收益产品，一方面可以满足客户高收益投资需求；另一方面银行也可以在资产证券化未市场化的背景下，借此通道释放信贷规模、规避存贷比限制、增加中间业务收入。

3. 基金产品数据分析与直销平台模式

该模式主要是指互联网平台将各类基金的信息聚集起来，通过数据分析对比、星级评判以及客户交流互动等模式，为客户提供集信息分析与购买为一体的全景式基金销售平台，天天基金网是该模式的典型代表。天天基金网是东方财富网旗下的基金平台，于 2012 年 2 月获证监会批准，成为首批独立基金销售机构，是中国最大的基金理财平台。天天基金网主要为客户提供基金资讯、数据及比较工具，同时提供基金分析报告、专业投顾服务、创立基金交流社区"基金吧"，为客户提供"一站式"、"一对一"的全方位基金购买服务。截至 2014 年底，天天基金网共上线八十余家基金公司，涵盖股票型、债权型、混合型、指数型等两千余只基金。在数据分析服务方面，天天基金网为每只基金设立专属档案，提供讨论区、估算图等，并每日更新单位净值、累计净值、各期增长率，同时不定期开展手续费打折活动。此外，天天基金网还为客户提供个性化基金投资方案，如买房买车、子女教育、现金管理、养老准备等定投方案。2014 年，天天基金网实现电子商务业务收入 3.73 亿元，占东方财富网营业总收入的 20.87%；实现基金认申购及定期定额申购交易 1136.6 万笔，基金销售额达 2297.67 亿元。此外，数米基金网、好买基金网等互联网理财平台也采用了该模式。

4. 理财产品网络比价模式

不同于基金分析评价模式，以融 360、91 金融超市为代表的理财产品网络对比模式，主要是将各方（含不同银行）理财产品信息汇集到同一平台上，并为客户提供便捷对比、数据分析和便捷购买功能，是互联网金融资产管理业务平台化发展的一个代表。以融 360 为例，它成立于 2011 年，是一个在线金融搜索平台，为客户提供理财、贷款、信用卡等金融产品的搜索比价及申请服务（见图 3-1）。目前，融 360 已合作近 10000 家金融机构，涵盖 30000 款金融产品，客户在其平台上，可以便捷对比工商银行、农业银行等各大银行正在发售的理财产品信息，并实现了便捷购买和支付。

图 3-1 融 360 产品对比

第二节 互联网时代商业银行资产管理
面临的挑战

一、如何看待互联网金融对银行资管业务产生的挑战

按照现代金融理论，银行作为信用中介和支付中介，通过资产、负债和中间业务等方式开展经营，促进资金融通并获取利润。然而，随着互联网金融的快速发展，客户对理财、贷款、支付结算等方式都有了新的认识和需求，金融消费行为的变化全面影响商业银行资产管理业务发展。

1. 互联网金融在短期内对银行资管业务冲击有限

虽然我们看到了互联网金融给银行资产管理业务方面带来的挑战，但由于货币市场基金和低风险基金只是起到短期流动性管理作用，在银行管理的资产中所占比例并不大，且完全受制于利率市场化的深度，因此目前这种冲击还局限在低风险的流动性管理业务上。从美国互联网金融失败的案例 Paypal 中可以发现，互联网侵入金融领域，还只局限在简单的产品上，或者说局限在传统商业银行业务范畴内，尚无法进入需要专业风险管理能力和产品创新能力复杂的业务领域。特别是资产管理行业的基本目标主要是战胜长期通胀水平，确保资产保值增值，中高风险投资的管理才是资产管理业务的主要关注点。这部分复杂的投资咨询服务和高风险产品销售，在互联网上进行的难度较大，更多地还是依靠银行的客户经理和私人银行渠道完成。

2. 互联网金融对银行资管业务的挑战逐步加大

随着互联网金融从理念、模式、IT 系统到具体业务的不断渗透，它对银行资管业务的挑战将逐步加大。具体表现在三个方面：

（1）互联网理财持续火爆，分流商业银行低成本存款。存款是商业银行开展经营的根基，而互联网金融理财产品能够吸纳社会上的闲散资金，与商业银行的负债业务存在竞争关系，客观上推高了商业银行的负债成本和理财产品预期收益率。据统计，我国货币型基金净值规模由 2013 年 6 月的 3038.7 亿元，快速增长到 2014 年 4 月的 1.75 万亿元，不到一年时间增长近 4.7 倍，超越股票型基金成为我国市值最大的基金品种。客户资金向互联网理财的单向流动，对银行存款造成了一定的冲击。王硕和李强（2015）的研究认为，从存款所具备的"交易"、"预防"和"投资"三大功能看，当前，互联网金融已经开始通过第三方支付账户分流"交易"和"投资"类的个人存款。虽然说短期内对商业银行的冲击有限，但长期来看，商业银行低成本的存款资金将面临严重挑战，迫使商业银行理财产品的成本提升。

（2）互联网融资迅速升温，银行小额信贷面临挑战。信贷业务是商业银行的主要利润来源，然而，互联网金融以其信息、成本、效率的巨大优势，对传统商业银行信贷模式形成挑战，也对商业银行资产管理的项目端产生影响。如阿里小贷依托阿里巴巴、淘宝、支付宝、阿里云四大电子商务平台的资金流、信息流和客户数据信息，借助大数据技术进行分析并向"抵质押物不足"的互联网平台商户提供信用类贷款，截至 2014 年 2 月，已累计向 70 万家小微企业和个人创业者发放贷款超过 1700 亿元。目前来看，越来越多的小额借贷行为以网络融资的方式实现，资金供求双方直接匹配，对商业银行信用中介主体地位造成冲击，也在客观上减少了商业银行资产管理的项目来源。

（3）第三方支付厚积薄发，商业银行中间业务面临全面挑战。目前，以第三方支付为代表的互联网金融平台对银行支付结算市场份额进行抢占，已然替代了商业银行支付、代销、结算等大量的中间业务，并分流海量沉淀资金。第三方支付平台直接以较低的价格提供与银行相同或相近的服务，已对银行的支付、结算、代理收付等中间业务形成了明显的挤占效应，客观上减少了商业银行资产管理的资金来源，降低了商业银行与客户的联系。

3. 互联网金融从长期看会对银行资管业务形成深层次挑战

尽管现阶段互联网金融对银行资管业务的冲击有限，但银行最担心的不是存款被互联网分去多少份额，而是割断了银行和客户之间的联系。也就是说，互联网金融对银行资管最大的冲击在于能够通过追求极致的用户体验，掐断客户与银行之间的紧密联系，而并不在于设计出具有颠覆性的金融产品。

（1）商业价值观。银行过去关注的核心是金融产品的优劣，特别关注产品在风险可控的前提下获得较高收益。但互联网金融聚焦的是追求极致的客户体验，如何提供比竞争对手更加完美、更加切合客户需要的服务。如果客户体验不好，互联网企业很可能选择不推广这种产品。虽然银行的理念都是客户至上，但在实际运作中很难落到实处。互联网企业将"客户体验优先"作为其赖以生存的价值观，这与银行在文化基因上有着本质的区别。

（2）盈利模式。银行以产品为中心，销售优先于巩固客户资源。互联网金融销售平台的核心竞争力在于，先以免费或极低的成本搭建商业平台，发展聚集庞大的客户群体，逐步垄断客户资源，进而通过提供完善的客户体验销售产品或服务，形成较为稳定的盈利模式。无论 BAT 还是京东、苏宁等网络平台对传统产业的颠覆，都与其创立的这种盈利模式紧密相关。

以产品为中心的银行主要通过为上游资产端交易对手提供融资服务而获得收益，但如不考虑下游资金端客户的实际需求，容易形成产品同质化，很难形成差异化的竞争能力。

（3）运营模式。互联网金融企业最大的优势就在于其能够借助平台的天然优势与客户形成互动，随时了解客户的真实需要，实现后期的精准营销。同时，不断改进产品，提供 7 × 24 小时服务平台、支付平台的全天候服务，最大限度地满足客户的理财需要。

银行虽然已在网站上搭建了自己的平台，但相对互联网平台来说，还是存在流程相对复杂、反应速度相对迟缓的问题。

二、互联网金融资产管理吸引客户原因分析

从产品本身看，互联网金融的资产管理与传统金融体系并不相悖，没有发生颠覆式的变革。然而，随着信息技术带动社会的发展和进步，客户的资产管理金融需求也产生了一系列变化，由简单的物理化、低效化、个体化和普适化逐渐转向综合的移动化、实时化、社交化和个性化。王硕和李强（2014）认为，互联网金融契合了这种趋势，它并不是简单地将商业银行线下理财金融业务向线上进行平行迁移，而是在"电子化—互联网化—移动化"的发展趋势下，架构符合互联网商业惯例和用户体验的金融产品销售与服务体系，使传统金融业务透明度更强、参与度更高、协作性

更好、成本更低、受众面更大、操作更便捷，是以客户为中心对金融产品和服务流程的互联网式解读和重构。

1. 从客户群体看，互联网金融资产管理定位"长尾"群体，颠覆银行"二八"法则

受监管约束和"二八"法则影响，商业银行资产管理主要面对高端客户，而 5 万元的准入门槛客观上减少了理财产品的受众群体，而忽视了数量庞大的低价值客户。面对传统金融资产管理难以覆盖的长尾群体，互联网金融资产管理却有着天然的优势。信息技术的应用降低了资金融通的交易成本和信息透明度，而便捷的渠道、低门槛的准入和人性化的操作，使得受众面无限延伸，产生长尾并形成了独特的需求方规模经济。余额宝人均投资额度不到 2000 元，正是银行眼中的低价值客户，造就了互联网金融庞大的客户群体。

2. 从客户体验看，互联网金融资产管理秉持客户至上理念，移动、便捷、化繁为简

传统商业银行的资产管理类产品设计和销售模式，更多基于风控、合规等银行自身角度考虑。互联网金融继承了互联网企业"体验至上"的原则，将产品的设计、销售理念根植在客户的需求中，并尽力提供简明的操作流程和感知。例如余额宝，其实质就是货币基金的网络直销，但其借助互联网实现传统金融产品网络重构：一是开户、申购和赎回流程都可在线实时操作，契合新时代网络化生活习惯；二是将理财、支付手段合二为一，满足客户的碎片化资金理财与便捷化支付需求；三是低准入门槛，1 元即可申购，降低资产管理业务的门槛，使客户参与热情高，受众面广；四是份额、每日收益等实时更新，简单明了地让客户获知收益，在无形之中实现了客户情感上的优越体验。与之对比，商业银行的资产管理产品在客户体验方面亟待改善。

3. 从客户习惯看，新兴渠道成为主流，物理网点黏性下降

与过去的传统客户偏爱物理网点不同，互联网时代人们的生活方式发生巨大变化，网络社会群体不断壮大。从资产业务看，以传统物理网点为主的渠道结构受到一定冲击，而网络和移动渠道占比不断上升。互联网金融契合这种发展趋势，依托电子商务（淘宝、阿里巴巴、京东）、社交媒体（微信）等庞大的客户数据信息，通过产品不断创新和丰富，对商业银行形成明显的替代作用。例如，网络一族经过简单的在线验证即可购买互联网理财产品，而商业银行购买理财产品，第一次必须到网点进行面签，使得大批客户流失。客户对互联网平台的黏性进一步加强，割裂了客户对银行的依赖与联系。对商业银行而言，客户分流的作用必将越发凸显，留住老客户和拓展新客户的难度都将越来越大。

4. 从客户营销看，互联网金融资产管理基于大数据分析，实现个性化精细营销

互联网平台积累了大量客户的身份、账户和交易信息，如阿里巴巴平台借助云计算、搜索引擎和大数据处理技术，可以对淘宝用户信息、浏览记录和交易数据进行深度挖掘，解析研判客户的金融需求，并借助网络实现差异化的资产管理类产品定向推送和个性化营销。与之对比，商业银行数据挖掘分析尚处于初级阶段，除个别高端客户营销外，主要由大堂经理和客户经理采用通用型理财产品的普适化营销，略显粗放。

三、银行开展互联网资管创新难点深层次分析

前一节从单一产品角度分析了互联网金融资产管理对外部客户的影响。然而，商业银行在借鉴互联网公司的成功经验、推进自身互联网理财综合平台建设中，仍面临很多深层次的难题。

1. 跨部门协同差，缺乏产品整合

不同于扁平化的互联网公司，商业银行体系庞大，业务部门众多。虽然大多数银行在官网上将理财、基金、外汇、债券、保险、大宗商品、贵金属等共同纳入"投资理财"范畴分别列示，但由于资产管理业务可能涵盖了资产管理部、金融市场部、个人金融部、投资银行部等多个部门，一旦涉及多部门利益，跨部门协同难题突出。面对互联网公司的冲击和影响，如何以大资管、全资管的理念整合上述产品及业务，形成一体化的理财平台，还需要进一步思考。

2. 文化较为保守，创新意识缺乏

长期以来，银行都采取稳健经营的策略，将风险防范置于重要位置，这在一定程度上为商业银行长期稳定发展提供了保障，但也恰恰成为阻碍银行互联网思维形成、创新型业务开发的桎梏。如互联网理财产品突出操作的便捷性，必要时甚至牺牲部分风险控制，而商业银行对交易安全性的顾虑则严重影响了业务设计流程的便捷高效。此外，商业银行产品宣传更重视严谨与合规，产品说明书较为冗杂，涉及大量专业术语，延长了客户的阅读时间，增加了客户的理解难度，降低了交易的便捷性。如何站在客户视角思考问题，平衡风险与客户体验的关系，是商业银行金融产品创新面临的一道重要课题。

3. 机制体制不够灵活，决策效率较低

互联网金融公司往往能敏锐地把握资本和货币市场变化的新趋势，并快速推出适时对应的理财产品，并匹配热门事件、红包等社会化营销。商业银行内部决策流程长，创新效率低，很难跟上互联网公司的创新步伐。这种扁平化、快速决策的机制，需要商业银行在金融市场、业务领域、客户价值取向等外部方面开展转型，也需要在组织、财务、渠道、运行、人才等方面建立与"互联网+"配套调整的机制。

第三节 资管 3.0 时代的商业银行资产管理发展应对新举措

一、银行资产管理业务正在迈入 3.0 时代

回顾我国商业银行资产管理业务 11 年的发展历程，可以分为两个阶段：第一个阶段是 2004~2012 年，在这个时期，理财产品以柜员物理销售为主，面对中高端客户，以类贷款为特征，可称为银行资产管理的 1.0 时代；第二个阶段是 2013~2015 年，在互联网金融的冲击和余额宝的影响下，商业银行从经营产品向经营客户转型，通过柜面或网银、手机银行等渠道，突出面向本行全体客户的，强调协同化、跨市场，强调主动投资与大类资产配置专业能力的特性，可称为银行资管的 2.0 时代。展望未来，随着利率市场化的推进、综合化经营的发展，以及大数据、移动支付等互联网金融新模式的应用，商业银行将步入资产管理 3.0 时代，商业银行资产管理将在"互联网+"的思维模式下，通过多渠道交互，构建出平台化、智能化（数字化）、跨界融合、强调共享的产品特性（见表 3-1）。

表 3-1 商业银行资产管理不同时代的特点

时间	1.0 时代 2004~2012 年	2.0 时代 2013~2015 年	3.0 时代 2015 年起
销售渠道	银行柜面为主	柜面、网银、手机银行等渠道	线上线下平台化交互
客户对象	中高端客户	本行中高端+长尾客户	全网客户（含非本行客户）
营销模式	电视广告、报刊、柜员通知	短信、微信等	微信、社交分享、口碑宣传

续表

时间	1.0 时代 2004~2012 年	2.0 时代 2013~2015 年	3.0 时代 2015 年起
产品特点	类贷款的固定收益型投资理财	投贷联动的固定收益型、"宝宝"类	固收类、净值类、P2P 直融类
流动性	低	中低	中高

二、银行资产管理应对互联网金融挑战的主要着力点

1. 加强产品和服务创新，为客户提供更便捷的服务

在资产管理 3.0 时代，商业银行应高度重视客户体验、强调交互式营销，对支付、交易、投资、理财、融资等金融服务产品进行互联网化创新改造。要以开放的视角、全局的眼光，拓宽银银平台、直销银行等互联网销售渠道，将电子银行从"交易主渠道"上升为专业化、全方位、多元化的"金融服务平台"，整合资源，为客户营造集金融服务、信息服务和生活服务于一体的生态圈。同时，要顺应客户移动化发展趋势，以移动金融服务为重点，通过为客户提供随时随地、内容丰富的移动互联网平台和服务，使移动渠道变身为银行连接客户最直接、最频繁的"触角"，增强客户黏性。

2. 发挥资产端的资源禀赋和能力优势，坚持专业化发展道路

在互联网金融发展的大背景下，以 BAT 为代表的互联网平台，从电商交易、搜索、社交领域发端，进入支付领域并已逐渐取得优势，商业银行原先引以为傲的客户规模和渠道资源与 BAT 相比已经黯然失色，商业银行在负债端的优势已不复存在。但商业银行在资产端，尤其在债权类资产市场仍独占优势，目前商业银行存量贷款规模已经超过 70 万亿元，持有的债券规模接近 20 万亿元，每年新增贷款规模接近 10 万亿元，每年商业银行主承销的非金融企业债务融资工具规模超过 3 万亿元，这些债权类资产为商业银行理财产品提供了巨大的基础资产池，也是其他任何理财机

构无法比拟的。在 3.0 时代，商业银行应利用好这一巨大资源，将固定收益类理财产品做大、做专、做强。随着国民财富不断提高，投资者的理财方式将从购买单一理财产品模式向资产组合配置模式演进，而固定收益类理财产品是资产组合配置的基础，未来市场需求巨大。商业银行打造固定收益类理财产品领域的核心竞争力，将有助于在理财市场中确立真正的竞争优势地位。

3. 开展跨界合作，携手合作共赢

在"大资管"3.0 格局下，商业银行需注重跨界金融机构间的合作。"大资管"时代市场格局将不断发生动态变化，对金融服务的多样化和综合性将提出更高要求，在深入拓展同业合作方面，商业银行具有互联网金融无法比拟的优势。我国金融业采用分业经营管理的制度，各金融机构在发展资产管理业务时，所采取的投资策略、专注的投资领域存在差异，银行可以通过跨界同业合作，充分发挥不同业务专长。通过与战略伙伴的深度合作和业务联盟，聚合信息服务提供商、支付服务提供商、电子商务企业等多方资源，打造一站式金融服务平台，满足客户多样化金融需求；还可以整合上下游资源，打通全流程的业务链条，为客户提供资金流、信息流服务以及全场景金融解决方案，建立合作共赢、互补发展的共生关系。

4. 利用大数据等信息技术，做好精准营销与客户交互

资产管理业务创新转型中应充分利用好互联网信息技术。一是要建设大数据挖掘分析平台，从客户整体视角开展分析与建模，为客户营销、投资管理、风险管理、市场预测等提供全方位的数据支持。二是要完善互联网服务渠道。可利用微信银行、手机银行等互联网渠道扩大投资群体，开展理财分享模式营销探索，同时利用好物理网点的线下优势，构建良性互动的 O2O 理财业务模式。三是要利用互联网做好资产管理业务的信息披露。通过规范的理财信息披露流程，赢得用户信任，避免信誉风险。

5. 推动组织创新与机制创新，拥抱资产管理 3.0 时代

互联网金融的快速发展已经成为不可逆转的潮流席卷而来，它正在而且必将更加深刻地影响我们的生活。传统商业银行如果不积极进行改变，最终的命运很可能是被颠覆。在资产管理 3.0 时代，商业银行应探索构建与互联网精神相适应的组织架构、管理体制、运营机制和企业文化，可以探索独立的资产管理公司、法人制直销银行等模式。未来，在资产管理 3.0 时代，商业银行需要因时而变、因势而变，以互联网的思维做好应变，才能更好地跟上时代发展的步伐，实现自身业务发展与经营转型。

三、银行资产管理 3.0 时代的模式展望

从互联网思维角度出发，商业银行资产管理 3.0 时代应当是构建出以平台化、智能化、跨界融合、强调共享的产品体验及去中心化的推广模式为特征的共享经济新模式。我们注意到，一些创新模式已出现，并正在市场上不断进行验证。具体有以下几种模式：

1. “互联网＋”下的供应链金融

中国供应链金融市场规模已超过 10 万亿元，每年以 20%~30% 的速度增长，2020 年有望突破 20 万亿元①。除了银行，电商早已开展供应链金融，如京东商城 2012 年推出供应链金融服务。阿里巴巴的供应链金融起步更早，主要体现为三个平台：阿里巴巴、淘宝（含天猫）和速卖通。

从商业银行角度看，未来供应链金融服务从满足大多数客户转向服务于目标用户，将商品流、资金流、信息流“三流合一”，在资产管理大平台上，整合数据生态链形成全链条的数据生态链，将链链融合，构建“1

①参见新华网转引的报道。

即 N，N 即 1"的金融服务数据生态圈，以"数据质押"①为核心开展综合服务。金融服务生态圈面对客户的一端，将是一个完整覆盖企业客户和个人客户的，集合了 B2B、B2G、C2C 和 O2O 等功能的综合电商服务平台。金融服务生态圈面对银行的一端，将是集合海量、可持续积累的真实交易数据和行为数据的数据挖掘平台，银行利用此平台为客户提供综合金融服务和非金融服务，从而切实提升资管用户的金融服务体验和资管业务资产端风险控制能力。

2. 与多平台的合作共赢

在"互联网+"思维下构建资管大平台，打造生态闭环。以银行客户金融数据大流量为优势，以电商为抓手，以开放的理念广泛与第三方平台合作，获取更为广泛的客户群体。与物流、各门户网站、第三方支付平台等对接，打造以银行品牌身份认同的交易场景，发挥银行综合服务的优势，提供全产业链的产品和服务。

（1）社交金融平台。未来的互联网是社群时代，也称虚拟部落时代，网络社交将成为现代社会最重要的生活和社交方式。基于社交所形成的社群或部落，将蕴含着巨大的需求，而金融将成为满足各类需求的基础服务，社交金融也将由此产生。目前，国内已出现 AA 付款等社交金融模式，未来空间巨大。

（2）垂直化金融平台。目前互联网金融平台基本上都是大而全的类型，而未来的时代是人们追求个性和差异化的时代，每个人对金融的个性化需求是不同的。因此，将可能产生专门针对特定人群、特定区域的互联网金融平台：①基于人群的垂直化，如大学生、白领及养老的各类平台；②基于产品的垂直化，如电影众筹、音乐众筹等；③服务特定区域的垂直

---

① "数据质押"即运用大数据分析，以交易过程中所形成的能够交叉验证的真实交易数据和行为数据进行评级和授信。

化，如专门为特定区域提供金融服务。

（3）产业互联网金融平台。金融本质是为产业服务的，产融结合式的互联网金融将成为新趋势。如针对"三农"的互联网金融、针对医疗器械的互联网金融等。

3. 区块链与互联网货币

作为"金融互联网"的先导，区块链技术在简化结算过程、降低交易成本上潜力巨大，让众多银行为之侧目。区块链新技术可以有效地提升商业银行资产管理业务在数字资产方面的跨界融合与专业投资能力，实现资产管理互联网从传递信息的信息互联网向转移价值的价值互联网进化。区块链技术是比特币的一个重要概念，区块链技术可记录比特币的所有权和交易活动。本质上，区块链就像是一个用于记录和更新交易的平凡数据库，如 PayPal（PYPL）和 Visa（V）这样的支付公司也使用类似的记账系统来管理账户。采用区块链技术（主要是电子货币）可以实现去中心化网络，使用分布式核算，而非由第三方中心管理，所有交易都实时显示在类似于全球共享的电子表格平台上（数据通过类似比特币的加密技术无法篡改），只要不断网，网络里的每一用户都能实现随时访问查看，实时清算，效率大大提升。目前，包括摩根大通、西班牙 BBVA、高盛、瑞银、桑坦德银行等一大批国际先进同业，已经开始了大量区块链技术的应用探索。采用比特币区块链技术可以制定各种金融解决方案，未来潜力巨大。

未来五年中国资产管理行业并购重组将会风起云涌，伴随着我国居民财富的不断增长，将会产生对全球资产管理行业有影响的机构。目前全球前 50 大资管机构还看不到中资机构的身影，但再过五年，中国的金融机构必将进入世界前 50 大资产管理公司的行列。

第四章 银行资产管理业务面临的外部环境分析

除了参与资产管理业务运行的各类机构外，围绕这一产业所存在的各类主体及配套的制度与设施则共同构成了一套完整的"生态圈"，如同生物学中的"生态系统"，相互关联，相互作用，共同构成又直接归属于这一"生态圈"。在这一"生态圈"中，除参与具体业务运作的管理人、分销商（渠道）、投资者及托管、评级等机构主体外，相关的法律、监管、市场及基础设施等方面的环境因素也值得关注。这些环境因素是形成资产管理行业现状的重要根源，也是引导未来发展趋势的主要动因。本章拟对法律、监管、市场及基础设施环境四个方面存在的问题进行深入分析，探究其对当前资管行业发展的影响。

第一节 法律环境分析

一、当前银行资产管理法规存在的问题

健全的法律体系对于形成推动银行理财良性发展的制度环境，对于建

立公平、有序的市场环境具有重要意义。近年来银行资产管理业务迅速发展，但银行资产管理业务的法律制度体系却明显落后，没能跟上迅速发展的业务需要。主要表现在：一是受《商业银行法》的约束，商业银行进行证券投资等的法律依据不明确。二是立法机关还没有针对银行理财出台单独的法律予以规范，适用的法律分散在《合同法》、《信托法》、《证券法》、《票据法》等法律中。三是当前银行理财业务不断创新，合同条款越来越复杂，但相关法条并没有进行及时修订、调整或补充。这种缺乏明确法律规范的弊端就是银行理财合同的法律效力不足，约束力差，在发生法律纠纷时不足以对抗其他明确的法律关系。

尤其是在法律层面，对银行理财业务的法律关系定性尚不明确，无论是法学界还是金融界一直存有争议。银监会有关银行资产与客户资产分开管理、第三方托管、理财计划单独核算和规范管理等相关规定，与信托关系中的信托财产独立性原则基本是一致的。监管要求中关于客户授权银行代表客户按照合同约定的投资方向和方式进行投资和资产管理的规定，以及在现行银行理财产品管理过程中银行接受客户委托和授权，按照与客户约定以商业银行的名义进行投资和资产管理的业务活动，基本符合《信托法》对信托定义的构成要件。因此，从银行资产管理本质来看，银行理财法律关系完全符合信托法律关系的特征。但根据《商业银行法》规定分业经营的限制，商业银行不得从事信托业务①，不受信托法规范。同时，根据现行《信托法》和《基金法》的规定②，只有信托产品和基金产品是基于信托关系产生的金融产品，其他资产管理关系并不属于信托关系，不受《信托法》调整和保护。

---

① 《商业银行法》第四十三条规定，商业银行在中华人民共和国境内不得从事信托投资和证券经营业务，不得向非自用不动产投资或者向非银行金融机构和企业投资，但国家另有规定的除外。
② 《中华人民共和国证券投资基金法》第二条规定，"在中华人民共和国境内，通过公开募集资金设立证券投资基金（以下简称基金），由基金管理人管理、基金托管人托管，为基金份额持有人的利益进行证券投资活动的，适用本法；本法未规定的，适用《中华人民共和国信托法》、《中华人民共和国证券法》和其他有关法律、行政法规的规定"。

二、法律环境对业务发展的影响

在缺乏对银行理财业务进行专门规范的法律依据的情况下，各当事人之间的法律关系更是不甚明确，难以清楚地界定银行理财业务中各方当事人的权利义务及风险承担，对完善理财合同文件设计、妥善解决银行与投资者争议、保护投资者合法权益等也不利。在缺少法律"保驾护航"的情况下，银行资产管理业务的发展必然受到限制。

1. 银行理财资金的有效运用渠道受到限制

一是银行间债券市场投资不顺畅。根据现有规定，银行理财产品在银行间债券市场仅限开丙类户，债券交易极不顺畅，无法满足理财产品的债券投资和交易需求，也不利于债券市场的发展。

二是理财产品法律主体地位不明确。银行与客户在理财产品中的法律关系不清楚，导致理财产品在交易主体的认定、证券托管账户的开立等方面均存在很大障碍，理财产品在股票、债券等标准化金融产品上的投资渠道不畅通，不得不通过信托、券商专户等金融中介进行投资，从而加大了理财产品交易成本，并最终侵蚀投资者利益。

2. 银行理财业务的发展创新受到制约

一是银行理财投资范围过于狭窄，不能满足业务快速创新的需要。越来越多的投资领域、投资交易由于立法的缺失而处于模糊地带，使业务的开展面临着法律合规风险，理财客户面临较大的投资风险，也在一定程度上阻碍了理财业务的创新发展。

二是银行理财业务面临超越《商业银行法》的经营范围、突破分业经营制约的可能。尤其是证券、私募股权投资等新兴业务，受制于商业银行"不得从事信托投资和证券经营业务，不得向非自用不动产投资或者向非银行金融机构和企业投资"的制度性约束，银行无法直接开展投资交易而不得不借助基金、信托、证券等渠道。这提高了交易环节的复杂性和成本，以及交易风险在不同金融机构爆发的可能性。

3. 对银行及投资者等主体的权益保护不充分

一是从发行产品的银行来说，理财产品的相关知识产权未得到有效保护。目前不少银行采用了非常醒目的产品名称并赢得了客户好评，但是模仿甚至直接照搬产品名称乃至交易结构的现象也比较普遍。整个行业的同质化问题严重，银行理财产品的标识、名称、方法或交易结构方面的知识产权保护问题值得关注，有必要通过对理财产品知识产权保护和管理做出相应规范，推动增强整个行业的创新能力。

二是投资者对其拥有的理财产品的处置权受到限制。当前法律框架不允许银行理财产品出质，现有法律及司法解释也不支持理财产品质押，导致投资者在有融资需求时无法以持有的理财产品作为质押物进行融资，银行理财产品的财产价值无法充分体现，给投资者带来不便。即便是产品发行银行接受本行理财产品质押，客户在面临诉讼等情况时，银行也无法依据破产隔离的原则保护自身权益。

第二节　监管环境分析

一、银行资产管理监管要求的发展与演变①

与法律相比，监管对资管业务具体运作的影响更为直接。当前银行资

---

① 杨硕：《商业银行理财业务监管回顾、困境及建议》，《债券》2014年第4期。

产管理属于银监会监管的范畴，其具体要求随着业务发展与创新也在不断完善，形成了监管与业务互相促进的发展过程，从大的方面看，这一过程大致可分成如下三个阶段。

第一阶段是 2004~2008 年，是我国银行理财市场发展初步规范时期。2004 年 9 月，6 家中资银行经监管机构批复开始人民币理财业务。2005 年 9 月，银监会颁布了《商业银行个人理财业务管理暂行办法》和《商业银行个人理财业务风险管理指引》，对银行理财的范畴、产品分类、风险管理等进行初步规范。2006 年我国理财业务步入"快车道"，此后的两年多时间，中国理财市场逐步发展壮大。这一阶段是银行理财业务的探索阶段，各商业银行开始研究财富管理业务发展趋势及路径，总结财富管理经验，并自主发展。同时，境外理财逐步发展。银监会 2006~2007 年先后下发《商业银行开办代客境外理财业务管理暂行办法》、《关于商业银行开展代客境外理财业务有关问题的通知》、《关于调整商业银行代客境外理财业务境外投资范围的通知》等规范性文件。直到 2008 年金融危机，QDⅡ等境外理财铩羽而归，银监会多次下发通知对理财产品进行规范。

第二阶段是 2009 年到 2013 年 10 月。这一阶段，银信合作全面发展，银行理财借助信托通道规避信贷规模，将表内风险表外化，导致银信合作风险集聚。为规范银信合作，银监会 2009~2011 年下发了一系列规范银信合作的通知。[①] 2012 年银监会发布《商业银行理财产品销售管理办法》规范理财产品销售行为。2013 年 3 月，银监会下发《关于进一步规范商业银行理财业务投资运作有关问题的通知》，即著名的"8 号文"。"8 号文"对银行理财投资"非标"的范围进行确定，并明确投资非标比例要求。要求对

---

① 包括《关于进一步规范银信合作有关事项的通知》、《关于规范信贷资产转让及信贷资产类理财业务有关事项的通知》、《关于规范银行理财合作业务有关事项的通知》、《关于进一步规范银行业金融机构信贷资产转让业务的通知》、《关于进一步规范银信理财合作业务的通知》、《关于规范银信理财合作业务转表范围和方式的通知》、《关于做好信托公司净资本监管、银信合作业务转表及信托产品营销等有关事项的通知》。

每个理财产品都应当单独建账核算。"8号文"意在控制风险，对银证、银基业务（通道业务）起到了降温的作用。直到2013年10月，银监会推出"银行资产管理计划"的银行理财试点新方案，提出资产管理计划的目的在于资管计划可以通过直接融资工具，不再依靠信托、券商资管、基金子公司等通道，将银行理财产品推入了一个崭新的时代。

第三阶段是2013年10月至今。这个阶段是银行理财业务向资产管理转型的阶段。银行资产管理业务的开展主体已经从国有大行、股份制商业银行逐步向城市商业银行延伸。随着银行资产管理计划的参与银行逐渐增多，理财直接融资工具的发行量和交易量稳步增长，促进非标投资"去通道化"以及理财产品向开放式、基金化转型。2014年银监会发布《关于完善银行理财业务组织管理体系有关事项的通知》，即"35号文"。规定商业银行理财业务实行事业部制改革，要求理财业务与借贷等其他业务分离，具有人、财、物一定程度的独立性，更好地做到风险隔离。国内大多数商业银行目前已经完成事业部改革，对于银行理财业务的风险隔离和健康发展意义重大。2014年底，银监会发布《商业银行理财业务监督管理办法》（征求意见稿），对商业银行理财业务进行系统规范。

二、监管环境存在的问题及影响

资产管理业务的跨市场特征较为突出，因此其面对的监管环境也更为复杂。对银行资管来说，除直接的银监会监管要求以外，当前各分业监管部门也在不同方面对其有所影响。具体来说，当前的监管环境突出的问题主要体现在以下两个方面。

1. 分业监管体系下对跨市场资管业务缺乏统筹管理，系统性风险及处置难度增加

在目前中国分业监管的格局下，不同监管部门对监管范围内的机构和

业务进行监管，由于缺乏监管协调，不同机构和业务的监管存在较大的不一致性，银行、信托、证券、保险、基金等金融机构的理财业务审批、发行、信息披露标准不一，难以实现有效统筹。

一是对混合、交叉性金融业务的监管，缺少明确的法律授权和清晰的监管职责划分。现阶段的金融监管协调与合作机制主要依靠的是一种行政性安排，如金融旬会、"三会"的联席监管会议、人民银行牵头的金融监管协调部际联席会议制度等，这些协作机制对于解决金融综合经营带来的新问题发挥了重要作用，但由于缺少基础的法律授权和监管职责划分，当前协调机制的效率是需要进一步提高的。

二是缺乏系统、完整、及时、高效的监管信息共享机制。虽然我国的金融综合经营仍处于试点阶段，但现在看来，在整个试点过程中，我们对监管信息共享的紧迫性和重要性的估计是不足的。好在现阶段综合经营业务的总体规模还不大，监管信息共享、定期和不定期信息交换机制的缺失对金融安全与效率的影响还不是非常突出。但随着时间的推移，综合经营业务的规模不断扩大，如果监管信息共享机制不能尽快建立，潜在的风险还是巨大的。

在这种情况下，首先，其直接的影响是监管要求难以适应混合的综合经营模式发展需要。我国金融综合经营兼有美国法人隔离模式和欧洲全能银行模式的双重特征。到目前为止，我国仍未明确未来金融综合经营的模式选择，部分银行机构的跨业业务，如保险、基金管理是通过股权投资的法人隔离模式实现的；也有部分跨业业务，如理财、债券承销是在银行内部实现的。这种错综复杂的金融体系结构，使得金融监管协调与合作的难度更大，在完善监管体制的过程中，也需要统筹配套考虑我国未来的金融体系结构性改革。

其次，监管套利空间的存在也增大了系统性风险。这导致了各金融机构在资管业务上的竞争出现无序倾向，不仅抬高了资金端的价格，增加了整个资管行业的运营成本，也间接提高了社会融资成本，而且非银行金融机构通过出借通道帮助银行规避监管，导致信用风险、流动性风险、市场风险在不同子行业的金融机构之间流动，交叉感染。在现有的法律和会计框架下，有些影子银行的风险还不能被有效地识别和监测，从而加大了监管和改革的难度，成为中国金融体系的风险隐患。2015年股灾中所暴露出来的信息不全面、监管不协调、措施不协同的问题十分突出，由过高杠杆配资引发的股市局部市场风险迅速传导到整个金融体系，高杠杆的后遗症至今仍在消化中。

最后，对高风险或危机金融机构的处置缺乏清晰、高效的责任与协调机制。现阶段的监管协调机制主要还是在信息和政策沟通的层面上。在金融综合经营的情况下，金融风险会跨行业、跨市场、跨机构传染，易于引发区域性和系统性金融危机。因此，如何在责任清晰、协调高效的监管合作基础上，构建在综合经营复杂金融环境中的危机金融机构处置机制，对于阻断危机传染和维护市场信心具有非常重要的意义，需要加快建立。

2. 监管规定对银行资管业务的风险防控力度不足

在运作模式上，资金池—资产池能够最大限度地通过期限错配提高资管业务收益率，但带来的风险也相对突出，常有所谓"庞氏骗局"的存在。一方面，资金池运作实现了银行资产和负债的双重表外化，每个理财计划不单独核算收益，信息不透明，权责不明确，迫使银行资管业务只能依靠不断发行新的理财计划来应对过往理财计划投资人获取收益和本金的要求，信用风险和流动性风险持续提升。另一方面，银行自营业务与代客理财难以有效隔离，风险的传染性较强。在资金池—资产池的构建过程中，项目资金衔接出现问题时，往往通过银行自营资金进行过渡，使得二者之间的风险未能完全隔离，理财业务的风险很有可能向银行自营业务蔓延。

近年来，监管部门对此频繁出台监管举措，取得了突出的效果。多数银行已按照要求实现了理财业务专营及分账核算，在一定程度上隔离了代客资管与自营业务之间的风险。但对于风险防控的具体举措，尚未形成更有效的监管体系，尤其是理财内部仍然存在追求收益与控制风险之间进行权衡的动力，各类风险存在的根源一时之间仍未有效化解。

第三节　市场环境分析

一、银行资产管理的市场运作空间受限

中共十八届三中全会指出，充分发挥市场在资源配置中的决定性作用。要实现这一点，就必然要求建立公平的市场。具体到资产管理业务中，就是要建立统一公平的资产管理体系，在市场上的各类主体应该有公平的待遇。2013年银监会"35号文"明晰了银行理财转型的目标，即打破刚兑，回归资管本原，参与资管竞争。就目前而言，保险资金、券商可以通过专项理财产品进入银行的理财市场，但是银行理财却在资产管理的市场上受到较多的限制①。

中国银行业过去十年依赖规模扩张呈现的高速发展，面临宏观经济增速放缓以及金融脱媒、利率市场化的影响，已难以持续。银行业整体的净

---

① 工商银行2014年底推出国内首款投资国债期货的法人客户银行理财产品。2013年国债期货重启，但主要由券商、期货公司等参与，受限于身份问题，银行理财此前始终缺席。目前工商银行的资管业务约44%投资于证券、28%投资于非标产品、9%投资于多层次的资本市场（大多数投入结构化产品、定向和打新环节）。平安银行目前的投资范围仅涵盖货币市场、债券、非标、挂钩衍生品，而在权益类投资、境内资本市场和境外主动投资方面尚处空白。

息差收窄，净利润增速下滑难以逆转。商业银行如何面对这些困境？让商业银行通过银行理财进入资本市场，与资本市场协同发展就成了很好的出路，使资产管理业务真正能有足够的客户数、足够大的市场空间来帮助商业银行进行转型，走出困境。全球 13 家最大的资产管理公司，银行独资的占 7 家。德意志银行、汇丰银行等资产管理规模超过了表内资产管理的规模，在中间业务的收入统计中，理财和资产管理的收入占据了 60%，所以这样一个业务是足以支撑转型的。资产管理业务属于中间业务，不占用银行资本金，完全属于表外业务，这种"轻资本"的特性也成为银行转型的聚集点之一。资产管理这个非常有效的市场可以支持商业银行重回资本市场，同时资本市场的发展也离不开资产管理、商业银行理财的支持，商业银行理财以雄厚的资金实力作为长期投资人，能真正起到稳定市场的作用；银行理财参与资本市场之后，能够使资本牛市更繁荣，理财资金也可以取得更好的收益。

与其他金融机构的资管商品比较，银行理财产品缺乏明确的主体地位，投资范围最小，资金运作最为单一，不可直接投资于资本市场。截至 2014 年 6 月 30 日，银行理财资金投资债券及货币市场、现金及银行存款和非标准化债券的比重分别为 39.81%、26.68% 和 22.77%，而权益类资产配置为 6.48%[①]。一直以来，银行理财产品只能通过信托、券商、基金子公司等专项资管方案等通道"曲线入市"或由银行自银账户代为办理。借助其他通道增加了银行理财产品的交易成本，由自营账户代为办理，容易造成银行代客业务与自营业务的混同，二者之间的交易并非按照市场公允价值，导致理财产品无法单独核算，要承担"刚性兑付"的风险。2009 年《银监会关于进一步规范商业银行个人理财业务投资管理有关问题的通知》规定，除了高净值客户，银行理财资金不得投资于境内二级市场，也不得

---

① 中信建投证券：《2015 "银行资产管理" 系列报告 3：资管子公司发展模式与估值》，第 4 页。

投资于未上市企业股权和上市公司非公开发行或交易的股份①。2014 年，中国证券登记结算公司发布的《关于商业银行理财产品开立证券账户有关事项的通知》指出，每一个商业银行理财产品可以在沪、深市场各开立一个证券账户，但仅限于标准化债券、信贷财物支持证券、优先股等固定收益类商品。保险类资产管理产品、证券类资产管理产品以及基金公司子公司资管产品却并未受此限制，反而开放很多②。所以，建立公平的资产管理业务体系，给予银行理财在资管市场公平的待遇，使得资本市场向银行理财开放，是促进银行理财突破发展瓶颈、再次激发银行理财业务活力的必然要求。

事实上，资产管理已经在通过一条合理合法的途径支持资本市场的发展，包括信托计划、券商计划、基金管理计划。我们参与了对公募基金、阳光私募的配置，甚至也通过 LP 的制度安排进入股权投资市场，银行资管在目前法律框架下已经找到比较合理合法的通道来参与资本市场，这是不用做很大变革就能实现的途径。在成立资产管理子公司、风险隔离能实现的情况下，银行资管参与资本市场化是一件水到渠成的事情。

---

① 《银监会关于进一步规范商业银行个人理财业务投资管理有关问题的通知》第十八条规定：理财资金不得投资于境内二级市场公开交易的股票或与其相关的证券投资基金。理财资金参与新股申购，应符合国家法律法规和监管规定。《银监会关于进一步规范商业银行个人理财业务投资管理有关问题的通知》第十九条规定：理财资金不得投资于未上市企业股权和上市公司非公开发行或交易的股份。《银监会关于进一步规范商业银行个人理财业务投资管理有关问题的通知》第二十条规定：对于具有相关投资经验、风险承受能力较强的高资产净值客户，商业银行可以通过私人银行服务满足其投资需求，不受本通知第十八条和第十九条限制。
② 《中国保监会关于保险资产管理公司开展资产管理产品业务试点有关问题的通知》第六条规定：产品投资范围限于银行存款、股票、债券、证券投资基金、央行票据、非金融企业债务融资工具、信贷资产支持证券、基础设施投资计划、不动产投资计划、项目资产支持计划及中国保监会认可的其他资产。《证券公司客户资产管理业务管理办法》及配套的《证券公司集合资产管理业务实施细则》和《证券公司定向资产管理业务实施细则》使证券公司拥有了金融投资全牌照，其资管产品投资范围基本涵盖了全部金融市场（包括股票等资本市场）。《基金管理公司特定客户资产管理业务试点办法》和《证券投资基金管理公司子公司管理暂行规定》向基金管理公司全面放开资管业务。投资范围包括了股票、证券投资基金、未通过证券交易所转让的股权、债权及其他财产权利。

二、资产管理业务市场竞争秩序有待整顿

从产品管理、投资运作等环节看，制度的约束能力较强。但在客户与销售等终端环节，由于分布广泛、个体分散、水平参差不齐，出现了各种无序竞争的现象。

（1）缺乏统一的客户评估标准，银行在客户风险评价上存在不规范操作的空间。从监管要求看，客户只能购买风险评级等于或者低于其自身风险承受能力评级的理财产品，"将适合的产品卖给适合的客户"。目前各家银行客户风险评估手段和方法缺乏统一标准，再加上部分银行对客户的财务信息掌握不全，使得银行对待同一类客户存在通过不规范的操作形成不同评级结果的可能，大大增加了理财销售与客户相匹配的操作难度。

（2）产品描述中对客户风险的提示不足，存在有意模糊风险的情况。在产品名称中显示有诱惑性、误导性或承诺性收益安排的字样；用过于专业化的语言来描述产品风险；在产品说明书和协议书中有关风险提示的表述处于不明显的位置，或将风险因素分散在不同的条款中，有意淡化风险；使用引用性表述，不直接将风险记载于产品法律文件中。投资人缺乏相关专业知识，多数客户对银行天然的信任使其难以树立对理财产品特别是非保本型理财产品"风险自担"的正确观念，对产品背后的资产运作更是无法理解，导致客户无法判断银行是否对信息进行了充分披露，对银行未予披露的信息无从得知。

（3）存在产品不当宣传，有意误导客户的不规范行为。银行工作人员私自口头承诺，夸大预期收益，掩饰投资风险；书面宣传资料与交易法律文件相分离，不一致，不衔接；客户风险承受能力与产品不适合，未能识别和采取有针对性的措施；银行未按照监管要求了解和收集客户识别风险、认知风险的能力等有关信息或者未能注意保存客户的有关信息

资料；面对客户的投诉未能依法合规地采取应对措施，以致激化矛盾而引发纠纷。

（4）对产品销售人员的资质管理存在不完善的情况。当前银行理财产品普遍存在销售人员专业性不强、银行管理体系不健全的问题。部分商业银行没有对本行理财产品销售人员进行有效管理，没有建立相应的个人理财业务人员资格考核与认定、继续培训、跟踪评价等管理制度，相关人员缺乏必要的专业知识、行业知识和管理能力，缺乏对所从事业务有关法律法规和监管规章以及所推介产品风险特性的理解，销售行为不规范；由于基层销售人员人数众多、分布广泛、素质参差不齐，加上银行的激励机制和业绩压力，使得销售人员容易发生道德风险。

第四节　金融基础设施环境分析

在相关法律规范及监管要求下，相关责任主体建立了覆盖资管业务运作各个环节的配套制度。但此类基础制度往往根据自身情况进行建设，自成一体，尤其核算、托管等方面未形成行业统一的标准或统一的金融基础设施，在一定程度上也为不规范运作提供了空间。

一、统一的产品核算制度尚未建立

理财产品法律定位不明会导致会计政策制定缺乏依据，理财产品法律权利义务关系、权益主体以及与基金、信托类资产的区分不明确，直接影响到资产定性、估值及其作为抵质押品时会计政策的选择。这使得会计核算成为银行理财面临的最为突出的问题之一。

（1）结构性存款和保本产品是否可核算为客户存款，各行会计制度上存在差异，业界的理解也不统一。

（2）对于理财产品所进行的投资，在何种情况下应在表内确认，何种情况下可终止表内确认，各行会计制度也存在差异。如有的银行按是否对理财产品的投资担险进行区分，而有的银行除区别是否担险外，还要看是否存在期限错配等。

（3）各行对于理财产品本身是否具备独立的会计主体资格认识不一致，故针对理财产品专门设立区别于银行自营资产的代客资产管理会计尚未成为业界的普遍做法。理财产品的会计体系如何才能符合监管机构关于理财产品单独核算的要求，各行的理解也不尽一致。

（4）即使针对理财产品设立单独的代客资产管理会计，仍然存在理财产品所投资的金融工具如何进行会计确认、如何估值、是否计提风险准备金等方面的问题。在缺乏如证券基金会计准则的统一法规的情况下，目前各行的做法也很难一致。各行理财产品在会计信息的可比性、准确性和规范性上存在一系列的问题，成为制约未来理财产品规范发展的主要障碍之一。

二、相关资金托管制度尚不完善

资金托管账户用于存放托管的理财产品资金，对于托管人安全保管托管资产、履行托管义务具有重要的意义。但目前监管机构并未出台相关政策对银行理财产品资金托管账户的开立与管理进行规范，托管人为理财产品开立资金托管账户的形式和名称没有统一标准，无法确保理财产品单独开立资金托管账户，将理财产品财产和自身财产、不同理财产品之间的财产严格区分开，保证理财产品财产的独立性。理财投资于银行间债券市场时，托管人对债券的结算交割成为安全保管托管资产的关键环节。但是，监管机构并没有就债券账户开立与管理出台具体的政策文件。实践中数量众多的短期和无固定期限理财产品持有的债券登记在同一债券账户中，对理财产品的独立性形成严重威胁，给理财产品的投资管理、托管营运等方面带来了挑战。商业银行理财产品的核算和估值没有统一标准，导致不同银行的产品缺乏可比性。

三、投资风险压力测试制度不完善

由于大部分银行理财产品按照约定预期收益率兑付客户收益，日常不披露产品净值，不对所投资的融资类项目计提减值准备，因此理财投资的债券等具有二级市场的投资品利率风险以及融资类项目的信用风险难以被客户认知，在会计处理上也缺乏安全的缓冲措施。一旦出现系统性风险，在投资者教育未到位、买者自负的投资文化尚未形成的情况下，银行若按照实际收益情况兑付给客户可能引发客户投诉。部分期次理财产品的产品端和投资端的投资品之间存在期限错配；对于开放式产品，虽然不存在期限错配，但由于大额赎回限制在实际执行时障碍较多，也存在开放频率与投资品期限之间的错配问题。在发生系统性风险的情况下，如果银行资产配置特别是流动性管理能力较弱、理财产品结构不能有效管控流动风险时，上述错配存在转化为流动性风险的可能性。

四、分析评价制度尚未建立

截至目前，整个银行理财行业尚没有建立起一套完整的监管统计和分析体系，以便进行直接、可靠的监测和管理。业内对各类理财产品没有形成统一的界定标准和明确定义，不断增长的业务对经济的影响度有多大、业务的风险积累程度有多高难以解读。目前市场上出版的统计报告不仅数据来源不足，统计指标不合理，也难免受到经济利益的制约，其结论的公信力受到质疑。整个行业迫切需要一个完整、有效、公正的统计和评价机制。

同时，整个行业的行业通报等信息交流制度也存在缺失。尽管部分商业银行建立了局部的信息交流机制，但全行通行的定期业务发展通报制度没有建立起来。这既不利于社会了解银行理财，不利于银行内部掌握行业动态，不利于各银行把握理财市场供需状况和发展趋势，也难以对自身理财业务进行明确的市场定位并制定合理的发展策略。

第五节　国外资产管理外部环境比较

一、国外资产管理业务的发展现状

1. 国外资产管理业务的种类及特征

（1）理财产品的主要种类。资产管理业务是国际金融服务行业中规模最大、发展最快的业务类型之一。资产管理业务所提供的金融理财产品在不同国家的称谓不尽相同。在现代投资体系中，资产管理业务提供的理财产品包括单位信托和共同基金、结构性投资产品、交易所交易基金、退休基金、对冲基金和私募股权基金等。

1）单位信托和共同基金。单位信托（Unit Trust）和共同基金（Mutual Funds）汇集个别投资意向相同投资者的资金，并按预定的目标投资一篮子的证券。单位信托与共同基金存在一定的差别。单位信托是契约型基金，指专门的投资机构（银行和企业）共同出资组建一家资产管理公司，资产管理公司作为受托人通过与委托人签订"信托契约"的形式发行受益凭证，进行资金募集。共同基金是公司型基金，指基金本身是一家股份有限公司，主要投资于有价证券，公司通过发行股票或者受益凭证的方式进行资金募集。按照投资标的和风险类型划分，单位信托和共同基金包括股票基金、指数基金、平衡型基金、债券基金、货币市场基金、保证基金和基金的基金。

其中，股票基金是指投资标的为本地或海外股票的基金。指数基金是以指数成分股为投资对象的基金，即通过购买一部分或全部的某指数所包含的股票，来构建指数基金的投资组合，目的是使这个投资组合的变动趋势与该指数一致，以取得与指数大致相同的收益率。平衡型基金是指将基金资产用于多元化投资标的的基金，投资标的可以为股票、债券等证券资产。债券基金是指投资于政府或公司所发行的债务证券的基金，货币市场基金是指投资于货币市场上短期（一年以内）有价证券的一种基金。该基金资产主要投资于短期货币工具，如国库券、商业票据、银行定期存单、政府短期债券等。保证基金是一种集体投资计划，会为有投资计划的成员提供某些形式的"保证"，有些保证基金提供资产保证，有些提供最低回报保证，另有些提供其他特别条款的保证。基金的基金是将基金资产专门用于投资其他投资基金的基金，通过持有基金而间接持有股票、债券等证券资产。

2）结构性投资产品。结构性投资产品分为股权联结产品与非股权联结产品两类。其中，股权联结产品包括股票挂钩存款与股票挂钩票据。股票挂钩存款是一种由银行发行并包含股票衍生工具的结构性产品。股票挂钩票据又称高息票据，是由零息债券及沽出期权组合构成的结构性产品。非股权联结产品包括货币挂钩存款与投资联结保险。货币挂钩存款是一种与汇率变动挂钩的结构性投资产品，综合了传统的定期存款与货币期权合约。投资联结保险是一种包含保险保障功能并拥有一定资产价值的人身保险产品，指一份保单在提供人寿保险之余，其自身价值是由任一时刻投资基金的投资表现决定的，是一种融保险与投资功能于一身的新险种。

3）交易所交易基金（ETF）。交易所交易基金指的是可以在交易所交易的基金。交易所交易基金从法律结构上说属于开放式基金，但它主要在二级市场上以竞价方式交易，并且通常不准许现金申购及赎回，而是以一篮子股票来创设和赎回基金单位。ETF 主要涉及 3 个参与主体，即发起人、受托人和投资者。发起人即基金产品创始人，一般为证券交易所或大型基金管理公司、证券公司。受托人受发起人委托托管和控制股票信托组合的所有资产。由于指数型 ETF 采用指数化投资战略，除非指数有变，一般受托人不用时常调整股票组合，但管理型投资公司 ETF 的受托人有一定的投资决策自由处置权。受托人一般为银行、信托投资公司等金融机构。投资者为购买 ETF 的机构或个人。

ETF 与共同基金的最大不同是，ETF 只能在证券交易所上市交易，而共同基金则可以通过多种销售渠道，包括证券经纪人、直销等方式进行交易。

4）退休基金。退休基金主要有两类，包括强制性公积金与集资退休基金。强制性公积金是强制所有雇员成立投资基金以供退休之用。集资退休基金是雇主为员工退休及残疾、亡故等做出的投资安排的通称，雇主可以用集资退休基金来吸引及挽留雇员。此类基金通常将资金配置在比较广泛的资产上，如各类股票与债券等。同时，依据投资者预设的退休日期，基金定期自动调整资产配置比例，即随着目标客户退休日期的临近而逐步降低投资组合风险。

5）另类投资。另类投资也称非主流投资，是指在股票、债券及期货等公开交易平台之外的投资方式，包括对冲基金、私募股权基金、风险投资、杠杆收购、大宗商品、艺术品、房地产投资信托基金等诸多品种。与股票等传统金融投资品相比，另类投资具有无集中交易市场、流动性差、所需资金量大、投资期限长等特点。

对冲基金。对冲基金是指由金融期货和金融期权等金融衍生工具与金融组织结合后，以高风险投机为手段并以盈利为目的的基金。对冲基金采用各种交易手段（如卖空、杠杆操作、程序交易、互换交易、套利交易、衍生品种等）进行对冲、换位、套头、套期来赚取巨额利润。这些概念已经超出了传统的防止风险、保障收益操作范畴，加之发起和设立对冲基金的法律门槛远低于共同基金，使之风险进一步加大。例如，基金管理者在购入一只股票后，同时购入这只股票一定价位和时效的看跌期权。看跌期权的效用在于当股票价位跌破期权限定的价格时，卖方期权的持有者可将手中持有的股票以期权价格卖出，从而使股票跌价风险得到对冲。

私募股权基金。私募股权基金是指投资于非上市股权，或者上市公司非公开交易股权的基金。私募股权投资的资金既可以向社会不特定公众募集，也可以采取非公开发行方式，向有风险辨别和承受能力的机构或个人募集。广义的私募股权基金包括创业投资、成熟企业的股权投资，也包括并购融资等形式。狭义的私募股权基金不包括创业投资的范畴。除单纯的股权投资外，也可用以股权投资为主、债权投资为辅的组合型投资方式。私募股权基金中有一支专业的基金管理团队，具有丰富的管理经验和市场运作经验，能够帮助企业制定适应市场需求的发展战略，对企业的经营和管理进行改进。但是，私募股权投资者仅以参与企业管理，而不是控制企业为目的。

房地产投资信托基金。房地产投资信托基金（Real Estate Investment Trusts，REITs）是指通过发行基金受益凭证募集资金并交由专业投资管理机构运作，专门用于房地产投资、租赁开发、销售和消费等方面，以获取投资收益和资本增值的一种基金形态。从本质上讲，REITs属于资产证券化的一种方式。

REITs的运作方式有两种类型。一是设立特殊目的载体公司（SPV），通过 SPV 向投资者发行受益凭证，将所募集的资金集中投资于写字楼、商场等商业地产，并将这些经营型物业所产生的现金流向投资者还本付息，这一类型为公司型 REITs。二是原物业发展商将旗下部分或全部经营性物业资产打包设立专业的 REITs，以其收益如每年的租金、按揭利息等作为标的，均等地分隔成若干份出售给投资者，然后定期派发红利，这一类型为契约型 REITs。

具体到不同的国家和地区，由于投资文化、市场环境和监管政策的不同，不同国家（地区）的商业银行向个人客户提供的投资理财产品也存在较大差异。在美国，商业银行对私销售理财产品集中在共同基金、证券交易、退休或避税的理财方案设计等方面，其他形式的理财产品主要以大额存款证等简单结构形式体现。亚洲商业银行在美国商业银行提供的产品基础之上，增加了交易类品种（外汇交易、保证金交易等）和各类结构性存款（结构性债券）等。尤其是结构性存款（债券）通过金融衍生产品将各类金融资产的风险链接到存款（债券）上，客户可以任意选择存款期限、保本程度和看好的金融资产。欧洲商业银行的产品状况介于亚洲和美国之间，银行也对客户提供结构性存款等产品，但纯交易类的产品（外汇交易、保证金交易）不如亚洲商业银行来得丰富。国外商业银行对个人客户提供的理财产品，一般以销售第三方提供的产品服务为主，商业银行更多发挥渠道功能和优势。

（2）国外理财产品的主要特征。

1）产品形态以区间收益率型、净值型和全封闭型为主。一是区间收益率型产品。区间收益率型产品是一种开放式产品，通过在交易日开放申赎来提供流动性，赎回后到账时间也较为迅捷，一般为 1~2 个工作日。区间收益率型产品主要包括货币市场基金和各种短期债券基金，投资对象以货币市场的投资工具和期限较短的债券为主，投资品的市场流动性都较强且价格波动较小，易于在市场上变现。此类产品在核算其投资品的价值时主要采用市价法，但为了避免投资品在收盘时的价格异常波动而影响基金净值稳定，美国证券交易委员会特别规定货币市场基金所投资的到期日在60天以内的债券也可采用摊余成本法。区间收益率型产品一般不公布产品净值，且始终将面值维持在 1 元，投资者以面值进行申购和赎回，其盈亏通过持有的份额数的增减来体现。区间收益率型产品披露其投资收益的方式为公布一段时间如 7 天内一定份额产品的收益和收益率。资产管理公司通过计算产品在区间内的收益来得到其年化收益率。

二是净值型产品。与区间收益率型产品类似，净值型产品也是一类开放式产品，通过在交易日开放申赎来提供流动性，但其赎回到账时间相对于区间收益型产品较慢，一般为 4~6 个工作日。净值型产品的形式主要是股票型基金、债券型基金等各类开放式基金，投资品以市场价格波动性大，且具有较强市场流动性的金融市场产品为主（净值型产品投资非流动性资产的比例受到严格限制，不得超过 15%）。在投资品的价格核算上，净值型产品主要采用市价法，价格的选取为收盘价或平均交易价格。净值型产品每个交易日对外披露上一个交易日产品的单位净值和累计净值。市场评级机构也据此对净值型产品进行评级。

三是全封闭型产品。与上述两种产品不同，全封闭型产品的投资对象更为多元化，包括期限较长的各种债券、限售股以及私募股权等。此类投资品的市场流动性较弱，部分投资品甚至没有公开交易市场，只能进行协议转让。由于投资标的到期日较长，全封闭型产品的期限也在数年以上。全封闭型产品虽然在产品存续期间不提供期间申赎，但也会每月或每季度公布产品净值。为估算产品的价格，对投资品除采用市价法外，还可能采用模型估值法来进行计算。

2）全封闭型产品期限不短于资产期限。与开放式产品不同，全封闭型产品有到期日，但由于无须担心投资者提前赎回产品而引发流动性需求问题，封闭型产品可坚持长期投资策略。就投资标的而言，封闭型产品投资的都是在市场上交易的长期限证券或难以转让的长期私募股权投资。然而，无论其持有的是流动性资产还是非流动性资产，投资品的到期期限都略短于或恰好等于产品本身的期限。

一是投资于在公开市场交易的封闭型产品。以在公开市场交易的证券为投资对象的封闭型产品，其成立时只会确定投资规模、范围、期限，并不公布具体的投资对象。由于封闭型产品的特性，投资人员在挑选投资对象时只会选择到期日短于或等于产品期限的投资品，在产品建仓期选定并持有资产组合，在产品存续期被动持有资产组合，在产品到期时随着投资组合的到期而进行清算、兑付。总之，基于长期和被动式的投资策略，在产品存续期内，封闭型产品基本上不再进行投资品的买卖。这一特性也使得此类产品在建仓完毕之后便能公布投资的预期收益。

二是投资于非流动性资产的封闭型产品。以非流动性资产为投资对象的封闭型产品，如私募股权、风险投资等项目投资，一般在成立时其投资规模、范围、期限以及具体的投资对象就已经确定。募集的资金投向一个或少数几个项目，投资品的到期日与产品的到期日几乎一致。在投资方式上，此类产品多采用股权投资，避免以债权方式进行投资时债务人提前偿付可能引起的期限错配以及再投资风险。此类产品的特性也使得资产管理公司在收益方式上不仅收取固定的管理费，还与投资者约定超过某一预期收益之后按比例进行分成。项目投资到期之后，资产管理人按照协议约定的方式退出并进行清算，之后再根据投资收益对投资者进行兑付。

3）核算安排上确保风险和收益均在当期体现。为确保对外披露的产品价格准确、公允，避免投资者利益受到损害，国外监管机构均强调在核算资产的价值时确保资产当期的风险和收益在当期体现，避免风险和收益跨期转移或者在不同产品间传递。

一是及时确认资产的风险和收益。对开放式产品而言，其净值每个交易日均对外公布，投资者可据此进行申赎。这一价格公布机制要求资产管理人每个交易日对投资品的价值进行精确估算，对在公开市场上交易的投资品按照市价进行估值；对未在公开市场上交易的投资品则在考虑参照物的价格、投资品本身的特性后，采用恰当的估值方法估算其公允价值，力求对潜在的风险和收益进行体现。投资品风险和收益的及时确认可保证产品净值尽可能准确，避免投资者在产品申赎时利益受损的情况。

二是避免资产风险和收益在同一公司的产品间传递。国外的封闭型产品的产品期限一般大于或等于资产的期限，投资组合的风险和收益在产品存续期内全部体现，且由于产品在到期日前不提供申赎，因此资产的风险收益都会在产品存续期内完全体现，不存在产品间的利益输送行为。但对于开放式基金投资的非流动性资产而言，尽管产品期限长于资产期限，但由于缺乏市价或不能直接以市价为计价标准且没有二级市场，如资产管理人将此部分资产在不同的产品中进行交易，若估值方式不妥则可能造成产品间的利益输送，使投资者利益受损。因此，在产品间转移非流动性资产时必须考虑资产的潜在风险和收益，并在转让价格中充分体现。

4）管理费收取方式为固定比例或按业绩比例分成。管理费是产品管理人管理投资组合所收取的费用，属于运营管理费的一部分，该费用在产品运营费用中所占的比例最大。其收费方式有两种：①以固定比例收取。以固定比例收取是指按照产品说明书中约定的比例从产品净资产中收取费用。公募基金多采用这一收费方式。管理费的具体收取比例视产品的类型而有所差异，一般为每年 0.2%~2%。其中股票型开放式基金的收费比例最高，主要集中在 1.3%~2%，债券型开放式基金收取的比例次之，货币市场基金的收费比例最低，一般在 0.2%~0.5%。在费用的具体收取方式上，资产管理公司每日从前一交易日未扣取费用的基金净值中按折算后的固定比例进行计提，每月支付一次，不再另行向投资者单独收取。②按业绩比例分成。按业绩比例分成的收费方式是根据基金管理人在一定时间内的投资业绩浮动收取管理费的方式。这一收费模式多为私募基金和对冲基金所采用。在费用的具体收取方式上，资产管理公司会预先收取一个较低的固定比例管理费，一般在1%左右，以维持公司正常的运行。然后再与投资者约定适当的投资收益基准，在资产管理公司投资业绩好于预定目标上限时对超额收益部分按比例在公司与投资者之间进行分成。资产管理公司的分成比例一般为超额收益的20%。

2. 国外资产管理业务的基本情况

（1）国外资产管理市场概况。截至2011年末，全球金融市场基金资产规模共有183780亿欧元。其中，股票基金73210亿欧元，占比40%；债券基金45150亿欧元，占比25%；货币市场基金36290亿欧元，占比20%；平衡型基金21150亿欧元，占比11%；其他类型基金7990亿欧元，占比4%。

在大多数发达国家或地区如美国、日本、欧洲的基金市场中，股票基金的市场占比最大，债券基金次之。但加拿大市场上比重最大的是平衡型基金，占比36%，其次为股票基金。在巴西这一新兴国家的基金市场中，债券基金占据最大份额，为38%，平衡型基金占比为15%，而股票型基金占比仅为6%。共同基金是基金主体。截至2011年末，美国市场上，共同基金规模为97920万亿欧元，占基金资产总规模的90%；欧洲市场上，共同基金规模为56340亿欧元，占基金资产总规模的71%。

截至2011年底，全球金融市场共有72657只基金。其中，股票型基金发行数量最多，共有28091只，占比35%；平衡型基金共有16842只，占比21%；债券型基金发行12971只，占比16%；货币市场基金3159只，占比4%；其他类型基金8014只，占比24%。

（2）美国资产管理业务的现状。美国作为全球最发达的金融市场，个人投资者持有大量的金融产品，市场规模居世界第一位，近些年来，美国金融市场持续开发新型金融产品，几乎所有的新兴金融产品都来自美国市场。与此同时，对金融市场的风险监管也随着新兴金融产品的开发而不断改进。由于产品的多样性和监管的严格，美国被认为是世界上最复杂的金融市场。在美国市场，资产管理公司主要提供以下四种产品：

1）开放式基金。开放式基金在美国市场占有最大的份额，也是投资者投资金融产品时的首选。基金公司依法设立，以发行股份方式募集资金，投资者作为基金公司股东出现。它在结构上类似于一般股份公司，但本身不从事实际运作，而将资产委托给基金公司管理运作，同时委托其他金融机构代为保管基金资产。开放式基金又包括股票型、债券型、混合型（包含股票、债券和其他投资产品）和货币市场型四种。

2）单位投资信托（UITs）。单位投资信托是注册投资公司所买卖或持有的，由一系列股票、债券或者其他证券所组成的固定的投资组合，在固定的到期日把所有的资产卖掉后将所得返还给投资者。单位投资信托通常分为股票型单位投资信托和固定收益型单位投资信托。虽然单位投资信托依然是一个有效的投资手段，但是由于单位投资信托的证券不进行交易，也意味着投资所得利润不会用来再次投资。因为这一缺点，美国市场单位投资信托已经被开放式基金所取代。

3）封闭式基金（Close-ended Funds）。封闭式基金是一种典型的由投资公司发行、在股票交易所或者 OTC 市场流通的基金类型。封闭式基金在首次公开发行时，限定了基金价额（基金单位）。为了追加融资，封闭式基金也可以再次进行公开发行。一旦公开发行完成后，封闭式基金的销售和购回通常不是由基金本身来决定的，而是直接在公开市场上交易流通。因此，封闭式基金单位的价格如同上市证券一样，通过二级市场的竞价交易来决定。

4）交易所交易基金。目前，在美国证券交易所上市交易的 ETF 中，既有普通 ETF 也有反向 ETF，此外还有双倍做多、双倍做空、三倍做多、三倍做空等其他 ETF。按照投资主题划分，包括大型股指数、小型股指数、中型股指数、科技股指数、新型市场指数、波动率指数、石油、黄金等多种多样的 ETF。2008 年以后，主动型 ETF 获得美国证券交易委员会（SEC）授权推出，其特点在于追踪的指数具有主动选股机制，在管理模式上更类似于开放式基金。

（3）欧洲资产管理业务的现状。欧洲也是资产管理业务发展较为成熟的市场。2005 年，麦肯锡 "欧洲私人银行情况调查" 显示，欧洲资产管理业务涉及领域广阔，投资品基本包括股票、债券、对冲基金和结构性投资产品等。其中股票类产品（包括本地市场股票或者其他市场股票）、债券类产品占较大比例，而结构性投资产品占比较低，仅为 3%，挂钩标的包括股票、利率、汇率等。

卢森堡是欧洲最重要的基金注册和交易市场。下面以卢森堡为例对欧洲资产管理市场流通的理财产品进行说明。

UCITS（Undertakings for Collective Investment in Transferable Securities）

UCITS 是根据欧盟 UCITS 指令的规定而发行的一系列基金产品的总称，也是目前欧洲资产管理行业中最为普遍的产品。为发行 UCITS 产品，每个成员国必须将此指令作为国内法立法。在卢森堡，欧盟 UCITS 指令于 1988 年成为国内法。得益于此法令，在卢森堡市场的欧洲 UCITS 产品才得以自由流通。UCITS 基于所管理资产的种类可以分成股票型、债券型、混合/平衡型和货币市场型四种类型。

UCI（Part Ⅱ）

UCI 是一种面向零售投资者、企业和金融机构的基金产品，对投资人没有限制。但是与 UCITS 不同，UCI（Part Ⅱ）不持有欧洲基金护照，因此不能在欧盟内自由交易。UCI（Part Ⅱ）需要遵守发行所在国的相关法律法规。

SICAR

SICAR 是卢森堡于 2004 年引入的一种受轻度监管的私募股权或风险资本投资工具。SICAR 主要可以作为私募股权或风险投资基金的投资工具，在某些情况下也可以作为投资于上市公司或房地产的工具。在特定情况下，SICAR 的股权可在交易所上市。

特定投资基金（SIF）

SIF 由卢森堡于 2007 年 2 月 13 日引入，为合格的投资者提供了一个灵活的指导以便进行集合投资。SIF 出现后，取代了于 1991 年引入并被机构投资者经常使用的非公开发售的集合投资工具。

（4）亚洲资产管理业务的现状。亚洲商业银行在美国商业银行产品和服务的基础上，大大增加了交易类品种（外汇交易、保证金交易等）和各类结构性存款（结构性债券）等。尤其是结构性存款（债券），通过金融衍生产品将各类金融资产的风险链接到存款（债券）上，客户可以任意选择存款期限（1 个月到 5 年）、保本程度和看好的金融资产。几乎所有市场上交易的金融资产都能够成为标的，如利率、汇率、大宗商品价格、股指及个股等。结构性产品可以设计出各种复杂结构，如挂钩一篮子股票、增加敲入敲出条款等。

随着新兴市场在经济危机中的强劲复苏，亚洲有望在未来几年内超过北美，成为全球高资产净值人数最多的地区。以"亚洲理财中心"新加坡为例，由于存款利息较低，无法抵御通货膨胀的风险，客户理财需求较大，再加上历史上几次重大的金融风暴对新加坡金融业影响很大，所以新加坡本地客户大都趋向保守型投资。零售客户主要投资基金、保险和结构性存款。中高端客户主要投资期权宝、挂钩股票结构性票据（Equity Linked Notes）和股票投资。中高端客户较零售客户风险偏好较高，但分散投资的意识较为明显。

新加坡市场常见的产品包括：①结构性存款产品。它由定期存款与股票、利率、债券、汇率以及大宗商品相关的一种或多种衍生产品组合而成。结构性产品在新加坡市场已经存在多年，竞争很激烈。本地的内资和外资银行的结构性存款产品更新频率很高，每月都有新产品推出，挂钩标的多样，结构也比较灵活。②期权宝产品。也就是双货币挂钩产品，通过挂钩高利率币种，客户将获得较高且较为稳定的利息收入，在高端客户群中的接受程度较高，也是新加坡各家银行财富管理中心的客户主要投资的工具之一。此外还有基金产品，也是新加坡理财市场非常成熟的产品模式。

作为亚洲金融市场的重要组成部分，日本的资产管理市场也具有一定的典型性。日本金融资产市场（类似于中国的理财产品市场，但含义并不完全相同）提供的金融投资理财产品包括国债、地方政府债、公司债、股票、投资信托、信托受益权证券、集体投资基金、各种金融衍生产品等。

二、国外资产管理业务的管理模式

1. 国外理财产品的组织形式

美国《1940 年投资公司法》把投资公司归类于偏法定形式，对所有投资公司增加了具体要求。选择组织形式时有四项重点考虑的因素：第一项因素是税收；第二项因素是基金产品特性；第三项因素是发起人主要目的，如其目的可能是设计一只超出法案规定范围的基金，对冲基金就是一个最好的例子；第四项因素是如何使组织形式与法案条款相协调。

美国开放式基金常见的组织形式包括信托型、公司型、独立账户以及有限合伙制。

（1）信托型。信托形式对开放式基金比较有利，因为这种形式减轻了采用公司形式所需要支付的税收。此外，信托形式还节省了公司的一些其他费用支出。依据《1940 年投资公司法》，受托人必须由股东选举产生，但不需要定期选举。外部顾问不能担任受托人，除非股东一开始就批准合同。受托人不是投资顾问，他们与公司的合同不需要股东批准。即使受托人不是法案规定下的投资顾问，仍需要遵守法案和信托法中的特定条款。由于股东对受托人有一定的控制，因此股东是否有有限责任变得很模糊。

（2）公司型。公司型组织形式使得董事会和独立董事作为最重要的内部治理机制上升到极端重要的地位。在组织构成、董事类型、委员会类型、薪酬制度、信息披露制度等方面制定了严格的章程，使得董事会制度在保护投资人利益上起到了非常重要的制衡作用。董事会的职责一方面是对基金管理公司控制和运作基金事务的各个方面进行监督，另一方面也要批准基金管理公司向基金持有人征收费用。

在公司型基金传统的外部管理模式下，董事会并不能完全做到独立，因为它既代表投资人的利益，又代表基金管理公司股东的利益，而这两种利益是有冲突的。尽管美国证券交易委员会规定开放式基金的董事会成员里要有大比例的独立董事，但是董事会主席和基金管理公司的 CEO 往往还是同一个人。非独立董事会主席要同时对基金股东和基金管理公司的股东负责，职责的双重性经常会产生冲突。《1940 年投资公司法》中已明确"股东优先"，但是在实际的运作中，这样的立法精神并未得到完全遵守。在基金投资人与基金管理公司股东之间利益的博弈中，基金董事会最终会偏向管理公司股东。

（3）独立账户。独立账户可以是独立的组织，也可以是其他组织中的一个部门或是一个主要部分。美国证券交易委员会认为，由银行或者保险公司建立的独立账户属于法案规定的投资公司，国会也承认独立账户作为一个实体的存在。独立账户或者部门的本质是为了特定目的而接受独立监管，没有将它作为一个组成部分包括在一个实体中。因此，保险公司等发起独立账户必须经过其自身组织法规的核准。

通常，作为发起人的保险公司把一个独立账户设立成开放式基金，并且进行注册。为了符合《1940 年投资公司法》，独立账户要建立董事会，此董事会不是保险公司的董事会，它由合同持有人选举产生。保险公司担任账户的投资顾问和担保人。保险公司也可以在建立一个全资子公司后再设立独立账户并注册在《1940 年投资公司法》之下，保险公司子公司即可担任账户的投资顾问和担保人。许多保险公司选择单位投资信托的形式而非开放式基金。这一形式避免了为账户建立一个特殊董事会的需要，但是这种合约的成本是巨大的，因为它需要在《1934 年投资公司法》和《1940 年投资公司法》下分别注册：一个注册为单位投资信托公司，另一个注册为开放式基金。

（4）有限合伙制。发起人希望投资公司使用有限合伙的形式并在《1940 年投资公司法》下注册，但这一想法多年来一直都存在问题。因为在立法者看来，董事必须是自然人。因此有限合伙制公司是一家必须拥有由自然人担任普通合伙人的投资公司。但是，美国证券交易委员会批准了豁免《1940 年投资公司法》的条款，允许投资公司通过有限责任合伙制形式提供避税投资产品。

自 20 世纪 60 年代起，有限合伙制形式已经成为小部分成熟投资者的投机性投资工具。有限合伙的组织形式被广泛应用于对冲基金、杠杆基金和离岸基金。对于那些寻求在国内税收法规规定内转移税收待遇的投资者，以及那些寻求不受限于证券法案的投资公司，有限合伙制充满吸引力。有限合伙制股东人数少于 100 个，采用私募的方式发行，不受《1934 年投资公司法》注册要求限制。但是，普通合伙人必须是《投资顾问》法下注册的投资顾问。有限合伙的形式可以用来组织避税型投资和合资企业，房地产投资信托有时也会采用有限合伙的形式。

其他主要市场的基金组织形式也都呈现出多元化特征。例如，德国和日本等都先后依据美国《1940 年投资公司法》引入了公司型基金，经过多年发展形成了以契约型基金为主、公司型基金为辅的双轨并存机制。很难说哪一种组织形式完全优于另一种组织形式，应根据基金自身条件和特点选择适当的组织形式。从美国的经验看，虽然可以采取不同的组织形式，但在组织形式中都设置了"董事会"和"股东"等对特定事项投票表决的机制以强化基金治理，防止滥用行为的发生。新增的无限责任型主要用于私募，而理事会型是在目前契约型基金的基础上，设置了一个理事会，可以看出管理层强化基金内部治理的意图。

2. 国外理财产品的盈利模式

（1）理财产品的收费模式。国外理财产品的收费主要包括两种类型：一种是份额持有费，另一种是运营管理费。

1）份额持有费。份额持有费是一次性费用，是投资者为持有、转换、赎回基金时向基金公司支付的费用。份额持有费主要包括以下三个类别：①销售费用（Loads or Sales Charges）。购买基金时收取的费用，收费方式包括前端收费（Front-end Load）和后端收费（Back-end Load）。前者在买基金时支付而后者在出售基金时支付。这一费用支付给基金销售机构或经纪商，作为其为投资者提供专业咨询的酬劳。美国的法律规定两项费用总计不得超过初始投资的8.5%，但在激烈的行业竞争下，大多数基金的收费远低于此标准。此外，也有部分基金不收取销售费用，但会按照平均净资产0.25%的比例收费以提供账户服务。②赎回费（Redemption Fee）。投资者赎回基金时支付给基金的费用。赎回费与后端收取的销售费用不同，是支付给基金公司的费用。此项费用通常都会随着投资者持有基金份额期限的延长而递减甚至免除。③转换费（Exchange Fee）。基金转换费是投资者将资金从一只基金转换到同一基金公司所管理的另一只基金时所支付的费用。

2）运营管理费。运营管理费是基金公司根据个人投资金额按比例每年所收取的费用，主要包括三个小类：①管理费。管理费是基金管理人选择和管理投资组合所产生的费用，该费用在基金运营费用中所占的比例最大。管理费的收费范围为0.2%~2%，其中股票型开放式基金的收费范围一般在1.3%~1.5%。此类费用由投资者向基金公司支付。②分销费用。基金发起人、基金主承销商对开放式基金每年按其总资产净值的一定百分比向现有受益人收取费用，目的是弥补基金营销的一部分成本，如广告费、吸引新投资人的相关成本、基金销售时向投资人提供的信息成本（类似于直销型基金的销售费）等。此项费用是根据《1940 年投资公司法》中的12b-1 条款所设立的，所以也被称为"12b-1 费"。美国法律规定，"12b-1 费"的比例不应超过 1%，其中 75% 为销售费用，用于支付营销成本，25% 为销售服务费，用于支付销售人员所提供的专业服务。③其他费用。托管银行或其他服务提供商提供过户代理、资产管理相关服务所收取的费用。

（2）理财产品的盈利方式。

1）开放式基金的盈利方式。开放式基金可以采取直销、承销和面向机构投资人销售的方式，这三种盈利方式各有不同。

直销基金又被称为免收费基金。该类产品不经过承销商，直接向投资者销售。通常此类基金不收取任何服务费用。根据美国市场的相关法律规定，"12b-1 费"高于 0.25% 的产品不能称为免收费基金。另外，年度总费用率超过基金资产净值 1% 的产品也不能划归免收费基金的范畴。

承销基金按照盈利方式的不同，可分为 A、B、C 三类。面向机构投资人的基金包括 I 类基金和年金基金。其中，I 类基金包括退休金计划，初期投资金额比较高，但手续费比较低，且免收营销费用、"12b-1 费"、CDSC 等费用。年金基金面向 401（k）等退休金计划，通常经过承销商销售。该基金免收营销费，根据计划的规模收取 0.25%~0.5% 的"12b-1 费"。

2）单位投资信托的盈利方式。单位投资信托的盈利方式与开放式基金没有太大差异。需要注意的是以下几点：①单位投资信托只收取年度费用，在年度费用中包含了营销费用和其他成本费用，如信托发起人的顾问费用、信托的创建和开发费用等。②单位投资信托有固定投资组合，此投资组合到合约到期为止通常不会发生变化，因此单位投资信托没有投资管理费用。③由于组合证券的买卖交易量比较少，在投资信托合约的存续期间内不会追加申购，因此交易费用也非常低。④单位投资信托只在产品购入时支付年度费用，因此大多采用承销基金 A 类的收费模式。

3）封闭式基金的盈利方式。封闭式基金的收费体系与开放式基金基本相同。但是，由于封闭式基金的发行成本比开放式基金小，因此收费比例相较开放式基金而言普遍较低。

4）ETF 的盈利方式。ETF 与开放式基金最大的不同是 ETF 只能在证券交易所上市交易，而开放式基金则可以通过多种销售渠道，包括证券经纪人、直销等方式进行交易。简单的交易渠道带来了比开放式基金更为简单的收费体系。ETF 的投资者只需向参与证券商支付一定的交易费用即可。参与证券商的管理费用将从 ETF 资产额中扣除。总而言之，ETF 的费用只包含管理费和销售费两类。

3. 国外理财产品的核算方式

（1）核算方式。

1）净值型核算方式。净值是指每个单位理财产品的市场价值，是投资者购买或赎回产品时的价格依据，包括单位净值和累计净值两种计算方式。理财产品的单位净值是用产品投资组合的市场价值减去负债之后的金额除以流通中的产品份额得到的价格。因此，发现投资组合中各类证券组合的市场价值是计算产品净值的关键。由于投资组合中各类资产属性的差异，投资标的的价值估算需要采用不同的方法。

一是摊余成本法。摊余成本法是将估值对象以买入成本列示，按照票面利率或商定利率并考虑其买入时的溢价或折价，在其剩余期限内平均摊销，每日计提收益的计价方式。在美国，摊余成本法目前仅适于用货币市场基金持有的到期日在 60 天以内的债券。

二是市价法。市价法是指对在证券交易所交易的股票、债券等金融资产计价时，按照估值对象在交易日的收盘价或者平均交易价格进行估值。市价法适用于投资组合中在公开交易市场上交易的交易性金融资产和可供出售金融资产，包括股票、债券、权证以及各类衍生产品等。计价依据为投资品在每个交易日的价格，如果投资品在交易日里暂停交易则按照最近交易日的收盘价估值。

三是模型估值法。模型估值法主要包括现金流折现法和市盈率法，适用于一些未上市交易的股票和债券，以及私募股权基金的投资项目。其中，现金流折现法是指对投资对象未来的现金流量及其风险进行预测，再通过选择合理的贴现率，将未来的现金流量折合成现值对投资对象进行估值。市盈率法适用于未上市企业，是通过挑选与投资对象可比或可参照的上市公司，以同类公司的股价与财务数据为依据，计算出主要财务比率，然后乘以市盈率来估算上市公司的价值。

四是专家评估法。对于红酒、艺术品等特殊投资品，产品具有独特性、唯一性等，既没有市价又很难直接参考其他同类商品进行定价，在估值时往往会引入专家进行估价。但专家在对这类特殊投资品进行评估时也并不完全进行主观评价，而是会综合考虑各种因素。如在对红酒进行估值时，会考虑成本、年份、酒庄以及市场供需等因素；而在对艺术品进行估值时，会考虑创造者、流派、尺寸、年代、材质以及市场行情等因素。这些特殊投资品的真实市场价格，只能通过竞价拍卖才能最终确定。

2) 收益型核算方式。收益是投资某项产品在一段时间内实现的回报。大多数理财产品都通过公布净值的方式来体现其价值的增加或减少，但也有一小部分产品不直接公布净值，而是通过核算收益来反映其产品的优劣。收益型核算方式包括事前的预期收益估算和事后的期间收益测算两种类型。

首先，估算预期收益。与国内理财产品不同，国外理财产品的投资对象主要为各种交易类证券，证券价格随市场环境和供求关系的变化而波动，难以进行预测。因此，产品发行人很少在产品发行时公布预期收益。但美国市场上发行的单位投资信托就是为数不多的在发行时公布预期收益的理财产品类型。

单位投资信托是资产管理公司所发售的，由一系列股票、债券或者其他证券所组成的固定的投资组合。在美国基金市场上发售的单位投资信托有两大类别：股票型投资信托和固定收益型单位投资信托。其中，固定收益型单位投资信托是由一个拥有多个相同成熟期的债券组成的资产池构成的产品，其到期日一般被设定为与债券的到期日相同。固定收益型单位投资信托除在发行、赎回、到期等特殊时间点外，其投资组合在存续期间内保持不变，因此此类投资信托的收益可以进行预测。

产品预期收益率的计算方式相对较为简单：①确定单位投资信托的发行份额和规模；②根据计划对各类债券的投资比例，按照市价计算该项单位投资信托可以购买的各类债券的数量；③对投资组合到期的价值和期间利息进行估算，并计算出预期收益率。

其次，测算期间收益。尽管净值型产品在公布产品净值时也会测算投资期间的实际收益，但市场上有的产品并不公布产品净值，而只公布投资收益，其主要代表就是美国市场上的货币市场基金。

与其他开放式基金不同，货币市场基金的单位净值一直维持在1美元，所有投资获得收益都体现为投资者份额的增减。基金管理人根据基金份额的当日净收益，为投资者计算其账户当日产生的收益并记入其账户的累积收益中，一般一月一次将累积收益结转为基金份额，再记入投资者账户。如累积收益为正，则体现为投资者基金份额的增加；如累积收益为负，则体现为投资者基金份额的减少。

由于面值始终维持在1美元，货币市场基金的优劣只能用收益率来进行测算。在美国，货币市场基金公布的收益包括"日每万份收益"和"7日年化收益率"。其中，日每万份基金净收益是把货币市场基金每天运作的净收益平均摊到每一份额上，然后以1万份为标准进行衡量和比较的一个数据，而7日年化收益率是以最近7个自然日的日平均收益率折算的年收益率。

（2）主要国家或地区理财产品核算。近年来，由于世界各国会计准则与国际会计准则趋同，各国对于理财产品的确认、计量等要求并无重大差异。以英国为例，银行对理财产品核算的要求与国际会计准则要求一致，并无额外特殊要求。银行所要做的只是核算相关业务的手续费收入。不过每家银行要求客户提供的资料、报告的内容或格式不尽相同，主要视不同的产品而定。

1）澳大利亚。主要依据澳大利亚会计准则 AAS139——金融工具的确认及计量的相关规定进行核算。相关的准则要求还包括 AASB7——金融工具的披露，AASB132——金融工具的列示等。根据理财产品性质，与其相关的金融资产或金融负债应根据澳大利亚会计准则 AAS139——金融工具的确认及计量的相关规定进行核算。该准则在金融资产分类、确认与计量等方面与国际会计准则趋同。

2）新加坡。从监管角度而言，对于理财产品的核算要求主要有三点：一是按市价估值（Mark to Market）的原则，由产品设计的第三方独立提供市场数据；二是产品存续期间必须按监管部门规定的要求，向投资者披露投资结果等信息；三是强调客户投资资产必须采用信托账户进行保管，并进行对账监控。

3）中国香港。以汇丰银行香港分行双利存款产品和结构性存款产品为例。双利存款是由一般存款和货币期权相结合的产品，为对冲货币期权所产生的风险，银行会将期权部分背对背与其境外银行平盘。在会计处理上，双利存款主合同和货币期权合同可折分，因而该产品被拆分成一笔存款以及一笔货币期权分别进行簿记。对于存款的会计处理方式与一般存款一致，客户双利存款的账户在分行开立并簿记。货币期权将集中在总行环球资本市场部层面进行交易，并同汇丰集团的境外银行进行背对背的平盘。在会计处理上，结构性存款按照交易目的被区分为交易账户，因而和客户端的交易均列为交易性负债，根据 IFRS 规定，产品内嵌的衍生工具无须在表外披露。

三、国外资产管理业务监管概述

为规范理财产品市场的发展，保障投资者的利益，稳定本国金融秩序，各国监管机构都制定了涵盖广泛、内容详尽的监管办法。本部分将主要从机构准入、投资标的和产品销售三个方面对理财产品的监管进行阐述。

1. 关于机构准入的规定

（1）美国对资产管理公司准入的规定。美国作为全球第一大资产管理市场，无论是公募还是私募基金的发展都已非常成熟，从资产管理公司的设立、产品的成立到基金的运营管理都会受到监管部门的严格监管。在美国的公募基金市场上，资产管理公司主要提供开放式基金、单位投资信托、封闭式基金、交易所交易基金等产品。

此外，由于 ETF 是将开放式基金、单位投资信托、封闭式基金三种产品在证券交易所发行、交易，其申请上市之前需要先向美国证监会申请使用例外条款。例外条款的内容包括：免除不得投资其他投资公司所持份额的规定，免除基金发起人、主承销商等与利益相关者进行交易时的限制性要求，免除投资者赎回基金时价格必须以净资产额为基础进行计算并以现金形式支付的规定。

（2）欧洲对资产管理公司准入的规定。作为欧洲地区最大的基金注册中心，卢森堡对开展投资业务的资产管理公司实行执照准入制，提交申请的公司只有满足一系列条件，其设立的请求才有可能获得监管当局的批准。由于资产管理公司投资产品类型的差异，其准入条件也各有不同。如设立投资 UCITS 的资产管理公司准入条件包括：①公司的总部及注册办公室必须设立在卢森堡；②注册资本不得低于 125 万欧元；③须向当地的监管机构 CSSF 提交注册报告，报告内容包括：公司成立的时间、名称，投资方针及利润分配，薪酬的计算方式，产品发行的方式、途径，管理方式修改时需遵循的步骤，子基金发行的手续，子基金赎回的步骤、条件等内容。

如果申请成立的资产管理公司为境外公司在当地设立的特殊目的公司 SPV，则境外母公司也需满足一系列要求，包括：①注册资本不得低于 12.5 万欧元；②具备完善的公司治理结构，工作人员具有丰富的从业经验，能胜任工作；③必须向监管机构详细披露其股权结构；④外部审计机构的员工不得少于两人；⑤清楚地阐明计价标准；⑥必须满足投资人的赎回意愿；⑦必须通过卢森堡或欧盟银行进行资金托管。

（3）亚洲对资产管理公司准入的规定。

1）日本资产管理业务机构准入标准。根据日本法律，外国金融服务机构进入日本市场提供资产管理服务需满足以下两个条件：

一是需要向所在区域金融厅长官提出申请，申请书内容应该对委托人、受托人、受益人、受益证券、信托管理及运用、信托计算及收益分配等内容进行详细说明。同时，需要向日本关东（东京周边地区）财务局提出有价证券申报书。如果有关申请的资料内容含有不适当、明显损害投资者利益的内容，则金融厅长官可以拒绝其申请，日本法院可以发出禁止该金融商品销售的命令。

二是需要符合日本证券协会的外国投资信托受益证券选择标准。例如，公司的净资产不得低于 1 亿日元，其管理公司的自有资本或净资产应该高于 5000 万日元，其管理公司的代理人在日本国内从事经营活动，其同一法人的股票保有率不超过其净资产的 50%等。

2）中国香港资产管理业务机构准入标准。提供资产管理是中国香港《证券及期货条例》中规定的十种受监管活动之一。金融机构在中国香港从事资产管理业务，必须获得由香港证监会颁发的牌照。牌照有短期型、临时型和永久型三种类型。要获得牌照，金融机构就必须满足香港证监会关于注册资本、机构胜任能力和从业人员的详细规定。

其中，在注册资金上，香港证监会规定注册资本金不得低于500万港元，如果申请设立的企业不持有客户资产，则没有最低资本金要求。对于流动资金，一般的规定是保持在300万港元以上，如果企业不持有客户资产，则不得低于10万港元。在机构胜任能力上，香港证监会从企业的组织架构、业务范围及风险范围、风险管理及监控策略、风险管理政策及程序、汇报及监控职能、内部审计及监控职能、内部监控系统、利益冲突和信息科技支持等方面进行了详尽的规定，确保从事资产管理的机构具备充分的胜任能力。在从业人员上，申请企业需要任命至少两名负责人员监督各项牌照所限定的经营业务范围，且至少有一名董事从事或直接监督牌照所涉及的业务。同时，从事受监管业务的个人必须获得牌照成为企业的持牌代表。任何个人都必须使香港证监会相信其为获发牌照的适当人选，且获此牌照不会损害投资公众的利益。

2. 关于投资标的的规定

理财产品根据产品类型、发行方式、销售对象的不同在投资标的上存在较大差异。尽管资产管理公司在发行产品时对投资标的进行了详细公布，但为了避免将资金投向风险大于投资者承受能力的产品中，监管当局也对理财产品的投资对象做出了一些限制性的规定。

（1）美国对理财投资标的的规定。

1）开放式基金。基金产品的名称必须与投资方针相吻合；禁止利用基金进行贷款；禁止基金从事证券信用交易；在投资其他公司的股份时，持有的具有决定权的股份不得超过3%，对单一的投资公司进行投资时，投资总额不得超过本身资产总额的5%，对其他投资公司投资时，投资总额不得超过本身资产总额的10%。

2）单位投资信托。单位投资信托不得从事积极的投资运用；只允许长期持有信托合约中所记载的有价证券，并根据其分红、股息和出借费获得收益。

3）封闭式基金。封闭式基金的限制型投资条款与开放式基金类似，不同之处在于开放式基金不允许发行次级证券，但封闭式基金在满足一定条件之下不受此限制。这些条件包括：只允许发行一种次级债券和一种次级股票；发行次级债券时，必须确保净资产额高于所发行次级债券面额的300%，发行次级股票时，必须保证净资产额高于所发行的次级股票面额的200%，对于普通股，禁止出现分配股息后净资产额低于次级股票面额200%的情况。

（2）欧洲对理财投资标的的规定。一般情况下，在欧洲市场发行的理财产品投资对象和投资国家只要与产品说明书一致，就不会受到其他限制。但受政治和资金流入国市场环境的影响，监管当局仍然对资金投向部分国家进行了限制。

一方面，基于政治原因，欧洲监管当局限制将资金投向美国财政部海外资产控制办公室（OFAC）禁止进行资金往来的国家或地区，如伊朗、朝鲜。另一方面，基于各国金融市场的法制完备程度，欧洲监管当局对投向金融制度并不完备国家的资金比例和领域有所限制。例如，俄罗斯的部分金融市场被认为缺乏监管制度，通过欧洲 UCITS 产品募集的资金对俄罗斯进行投资时，其上限额只能为10%。对面向中国的投资则要求投资对象只能是上市的证券，且投资额只能占 UCITS 产品净值的10%以下。

（3）亚洲对理财投资标的的规定。中国香港作为国际金融中心城市，法制较为完备，资产管理业务方面的监管规定也非常详细。香港证券及期货事务监察委员会分别制定了相应的守则，对单位信托及互惠基金、非上市结构性投资产品和房地产投资信托基金的投资标的做出了规定。

1）单位信托及互惠基金。《单位信托及互惠基金守则》规定：产品持有任何单一证券的金额不可超过总资产净值的 10%；产品持有任何单一发行人发行的普通股不得超过 10%；产品持有的未在市场上市、挂牌或交易的证券价值不可超过总资产净值的 15%；产品最多可将其总资产净值的 30%投资于同一种类别的政府证券及其他公共证券之上，且投资于此类证券的种数不得少于 6 种；禁止卖出看跌期权；投资于证券投资组合提供的认购期权不得超过总资产净值的 25%；等等。

2) 非上市结构性投资产品。香港证监会 2010 年发布的《证监会有关单位信托及互惠基金、与投资有关的人寿保险计划及非上市结构性投资产品的手册》中规定：与结构性投资产品挂钩的参考资产必须是证监会所认可的，证监会是否认可的因素包括：与产品挂钩的股票、指数或基金是否能作为在港交所上市的结构性产品的参考资产；如为与指数挂钩的结构性投资产品，指数发布者的名称、指数如何编制、指数的计算方式、更新及发布指数的频率，以及指数可被修改或中止的情况；如为一篮子或多篮子参考资产，参考资产的数目及其相对比重；任何参考资产或其价格、价值、表现或任何其他相关特质受或可能受其中一方或一组人士控制或影响的程度。

3) 房地产投资信托基金。《房地产投资信托基金守则》规定：只能投资于房地产项目；禁止投资于空置土地或参与物业发展活动；禁止借出、承担、担保、加签或以任何其他方式直接或在有待确定后，就任何人的任何责任或债务承担责任，或与任何人的任何责任或债务有关，同时也禁止在获得受托人的书面同意之前，利用该计划的资产为任何人的债务做担保，也禁止利用该计划的资产作为任何责任、负债或债务的担保；不能购入任何可能使其承担无限责任的资产；必须持有该计划之内的每项房地产项目最少 2 年；可以为投资的融资或营运目的，直接或通过其特别目的投资工具借人款项，但无论在任何时候，借款总额都不得超过总资产的 45%；如果该产品的名称指明某一类别的房地产项目，则该产品最少须将其非现金资产的 70%投资于该类房地产项目之上。

3. 关于信息披露的规定

（1）美国关于信息披露的规定。在向监管机构的信息披露方面，开放式基金和封闭式基金必须向美国证券交易委员会公布季报、半年报、年报，其中货币市场开放式基金必须披露月报。此外，开放式基金和封闭式基金必须向美国证券交易委员会报告其投资公司的股票决定权（股东权益）的委任和行使方法。单位投资信托只需每年向美国证券交易委员会提交一次年度报告。主动型 ETF 必须每天在其网页上公布其持有的证券和其他资产的详细信息。

在向投资者的信息披露方面，各类基金产品必须向投资者提供详细的产品说明书，在产品说明书中要注明基金目的、手续费、投资战略、投资风险、投资业绩、投资顾问公司和投资运营执行信息、产品的买卖方法、关联税务以及投资公司向基金承销商所支付的报酬等信息。同时，开放式基金和封闭式基金还需每半年向投资者提供一次财务报表，单位投资信托一般不需要定期向持有者发布报告，但投资开放式基金或封闭式基金的单位投资信托，则必须每个季度向投资者公开其报告书。

（2）欧洲关于信息披露的规定。在向监管机构的信息披露方面，资产管理公司必须公布产品说明书概要、详细的产品说明书、每个财政年度的财务报表、最初六个月的财务报表。UCITS 基金和 Non-UCITS 基金的财务报表必须接受外部审计机构的审计。资产管理公司可以自主选择审计机构，所选择的审计机构必须具有足够的经验和资质。

在向投资者的信息披露方面，无论投资者要求与否，资产管理公司必须主动为投资者提供免费的产品说明书概要。如果投资者有要求，资产管理公司有义务向投资者免费提供详细的产品说明书和最近一期财务报表。资产管理公司所披露的产品说明书和财务报表内容必须足够翔实、准确，以便投资者做出投资判断，其中重要的部分必须采用最新的数据。

（3）亚洲关于信息披露的规定。亚洲国家在信息披露上主要强调要对投资者详细揭示产品的信息，既包括一般性规定，也包括一些专门性规定。一般性规定与欧美国家无异，涵盖了产品名称、投资策略、产品风险、既往业绩、手续费、财务报告等内容。专门性规定则是针对不同产品的一些特殊规定。例如，结构性的投资产品要求指出有关结构的重要组成部分以及任何嵌入式的衍生工具，说明与结构性投资产品挂钩的资产、债项及/或基准；房地产投资信托基金则要求披露所投资物业的性质及风险，包括人口统计数据、经济状况、经济风险及外汇风险、物业市场概况、对特定物业市场及租赁市场的竞争强度的分析、营运要求以及有关物业拥有权及租赁事宜的规则及规例等内容。

此外，中国香港的理财产品信息披露中还要求，如果销售文件中有专家陈述的内容，就必须说明专家的姓名、地址、专业资格及是否存在或被视为存在任何利益冲突，并要求专家对文件中所表述的内容在形式上和内容上出具"同意"意见。此外，该专家做出陈述的日期及该项陈述是否由该专家做出以供销售文件刊登也需要说明。

四、国外资产管理的市场环境与运作经验成熟

遵循"大资产管理"的理念，国际大型商业银行目前大多建立了独立的资产管理部门或机构，将资产管理业务作为与商业银行、投资银行、零售银行和财富管理等并重的业务板块，使其成为集团重要的客户开拓和盈利来源，并将各业务品牌集中整合后在市场上营销。在拓展业务平台的过程中，通过自设与并购联合的方式做大做强。

从业务定位看，欧美大型银行的资产管理部门主要承担资产配置和投资咨询职责，根据客户的期望回报、风险偏好、流动性和限制条件等因素进行组合投资，提供跨地域、跨产品、跨渠道的多样化选择，投资工具涵

盖传统市场（股票、债券、基金等）和另类市场（对冲基金、基础设施、私募股权等），经过各组合的相互搭配可形成多层次投资策略。也有一些银行不直接设立资产管理部，而是通过其他部门（如财富管理部）或子机构（如信托平台）提供替代服务。

从组织架构看，欧美大型银行的资产管理部门可作为集团的一级或多级子部门。但是，无论其归属层级如何设定，均包括前中后台的各类业务，以实施全投资运作流程。此外，为了达到良好的风险控制效果，对后台部门往往采取矩阵式管理架构，使其在为资产管理业务运作提供支持的同时，还要受集团业务条线管理。

从客户来源看，欧美大型银行的资产管理部门通常不直接进行客户营销，而是依托其他部门力量进行开拓，并设立指定团队独立开展客户维护。其中，零售银行和财富管理团队负责挖掘高净值个人客户，而商业银行和投资银行团队负责挖掘公司和机构客户。

从协同关系看，欧美大型银行的资产管理部门大多与兄弟部门和子公司开展密切合作，以挖掘更多机会，实现良好的经营协同效应，并就内部定价、资金成本和风险溢价的分担达成一致。例如，投资银行部为财富管理部和资产管理部设计多种结构化产品；资产管理部不仅为其客户制定投资决策，管理共同基金，同时也为私人银行、零售与公司银行部提供信息和解决方案。

从风险隔离看，2008年金融危机期间，欧美大型银行中各部门的"过度协同"负效应显露无遗，其根源在于内部混乱的转移定价机制，以及对重资本、长尾业务的风险隔离不足。鉴于此，部分机构提出将更多资产和职能配置给资产管理团队，根据市场环境和产品需求情况进行产品重定价，设立"双董事会制度"以进行独立监督，创造外部市场以实现有限协同等措施，取得了良好的风险隔离效果。

第五章 关于改善银行资管业务外部发展环境的建议

第一节 加强顶层设计，完善业务发展的法律监管环境

一、明确银行资产管理业务的法律地位

借《商业银行法》修法契机，明确商业银行从事资产管理业务的合法性[①]。现行《商业银行法》距上次修订已有十年时间，十年间银行理财业务从无到有，实现了跨越式的发展，已经成为商业银行重要的经营内容。受《商业银行法》第四十三条"商业银行在中华人民共和国境内不得从事信托投资和证券经营业务，不得向非自用不动产投资或者向非银行金融机构和企业投资，但国家另有规定的除外"的限制，银行理财并无严格的法

[①] 招商银行原行长马蔚华提出《商业银行法》第四十三条修改意见，建议商业银行经银行业监督管理机构许可后，可设立专业资产管理公司从事财富管理信托业务。

律依据。《商业银行法》正在就修法征求意见，建议在修法中就增加商业银行经营范围、放宽银行跨业经营限制、完善金融监管协调等进行修订，允许商业银行经许可从事资产管理业务。力争在拓宽银行理财的业务范围、扩大理财资金投资标的、松绑投资运作限制、提升业务管理水平、规范行业服务行为等方面取得突破性进展。

二、统一不同类型资产管理业务的法律规范

目前国内资产管理市场上各类型的资产管理机构并无统一适用的法律依据。为推动整个资产管理行业的长期稳定健康发展，建议从国家层面设立统一的"资产管理法"，要求基金、保险、证券和银行的资产管理在统一的资产管理法下合规经营，规定所有理财产品的财产独立性不受侵害、具有破产隔离功能、信息披露的要求一致等。通过顶层设计的推动，一方面可以解决银行理财法律地位问题，另一方面可以解决各市场主体不公平竞争的问题。建议从保持监管一致性出发，加强资产管理业务各监管机构的沟通、协调，不断优化有利于银行理财行业发展的外部环境。

三、明确银行理财业务的信托法律关系

如前所述，银行理财产品没有明确的法律框架支持，银行理财业务中银行与客户的法律关系存在争议，并进而对交易主体认定、核算估值、结算及托管账户开立等产生不利影响，轻则影响银行理财业务的运作效率，加大业务运营成本，重则使银行理财面临合法合规风险，制约理财业务创新。

信托与委托—代理最大的区别在于资产转移且由他人以自己名义管理。国内各类金融机构都在向投资者提供资产管理产品，业务本质都是

"受人之托、代客理财"，受托人接受委托人的委托以自己的名义从事资产管理活动，本质都属于信托关系。信托关系与委托—代理关系的区别主要在于：

第一，成立的条件不同。设立信托必须有确定的信托财产，委托人没有合法所有的、用于设立信托的财产，信托关系就无从确立。委托—代理关系则不一定以存在财产为前提，没有确定的财产委托—代理关系也可以成立，如委托他人签订合同等。英美信托法认为，信托与委托—代理是性质完全不同的两种制度，信托关系是财产性的，受托人控制信托财产；委托—代理关系是对人的，代理人不需要控制委托人的任何财产。

第二，财产的性质不同。信托关系中，信托财产是独立的，它与委托人、受托人或者受益人的自有财产相区别，委托人、受托人或者收益人的债权人均不得对信托财产主张权利。但委托—代理关系中，即使委托—代理的事项是让代理人进行财产管理或者处分，该财产仍属于委托人的自有财产，委托人的债权人仍可以对该财产主张权利。

第三，采取行动的名义不同。信托的受托人以自己的名义采取行动，代理人只能以委托人的名义采取行动。

从以上三点区别我们可以看出，银行理财符合有信托财产、信托财产独立和银行以自己名义进行理财活动的特征，所以本质上属于信托关系。然而我国资产管理业务监管规则并不是根据业务共有的法律属性统一制定，而是碎片化地嵌入了银行、证券、信托等不同的监管机构中。工商银行副行长在"两会"中提出以《信托法》作为资产管理业务的上位法①，信托法律关系的确立也有利于实现信托财产破产隔离，既能保证信托财产的完整性，同时又能实现财产收益的灵活分配，真正体现理财业务"财富

① 工商银行副行长张红力在"两会"期间提交《积极推进资产管理行业的立法协同》，建议"以目前开展的法律修订为契机，在信托法修订中统一信托业务的界定标准，使其涵盖资产管理业务，并确立财产独立、受托责任等普适性原则；在商业银行法中明确银行理财的法律主体地位"。

保值增值"的目的。同时，目前《商业银行法》的修订已经开始①，相关银行人士已经提出银行投资信托业的建议。

第二节　积极支持监管改革，培养风险管控与鼓励创新并重的监管文化

一、由以机构监管为主向与功能监管并行转变

所谓机构监管，是指根据金融机构类型作为划分监管权限的依据，即同一类型金融机构均由特定的监管者监管。银行监管由银监会负责，券商监管由证监会负责，保险公司监管由保监会负责。这是历史上金融机构分业监管的模式。功能监管的基本理念是，相似的功能应当受到相似的监管，而不论这种功能由哪个监管部门行使。

在过去金融机构业务单一的环境下，金融机构之间界限清晰，业务重叠或交叉较少发生，按机构监管或按业务（功能）监管并无本质区别，但是，随着金融机构业务多元化，跨界综合经营，尤其是金融控股集团的出现，给分业监管带来极大的挑战。特别是 2015 年爆发的股市局部危机反映出现有的监管框架存在着明显不适应我国金融业发展的体制性矛盾，必须要实行功能监管与机构监管并行，来解决机构监管因监管标准的差异性而出现的监管套利和监管博弈问题。

---

① 目前银监会已经成立了《商业银行法》修订小组，由银监会法规部牵头，并抽调了部分商业银行人士，并于 2015 年 4 月初开始工作。

但功能监管与机构监管之间并不是非此即彼或者相互替代的关系。混业经营的发展和金融集团的兴起模糊了不同金融机构之间的边界，也产生了金融市场统一运作以及金融机构公平竞争的要求。在此背景下，功能监管的理念被提出并得到迅速和广泛的应用。在笔者看来，除了能够更好地确保监管的专业性和针对性、促进监管和竞争的公平性、为金融创新留下更多空间等优势以外，混业经营背景下功能监管方法最为突出的作用在于，其能够更好地促进各级、各类金融市场的统一和有序发展。

二、实施监管机构改革，促进监管的统一协调

随着金融业改革发展和对外开放程度的不断提高，我国金融业发展表现出明显的综合经营趋势和金融创新特征，分业监管的有效前提受到侵蚀。在银监会、证监会、保监会的现行机构监管体系下，最需要引入功能监管的就是资产管理行业。实践中，虽然有"一行三会"的联席会议制度，但是当前这个制度更多的是定期协调，一旦出现突发性事件或危机出现时，这个制度很难发挥作用。为进一步提高金融监管过程中的统一性与协调性，增强监管作用，后续应促进统筹监管机制的建立，笔者认为有以下两种思路，可在后续改革中进行尝试。

一是做实金融监管协调部际联席会议制度。以"一行三会"为重心实施审慎监管，新设投资者保护局强化投资者保护，此方案的调整成本低，可操作性高；但部际联席会议机制对"三会"的约束力较弱，难以有效解决现有的监管难题。

二是新设金融监督管理委员会，下设投资者保护局、证监总局、银监总局和保监总局，由央行和"三局"实施审慎监管，由投资者保护局来强化投资者保护。此方案有利于整合监管资源实现机构集约式发展，但在如何协调央行宏观审慎监管与"三局"机构审慎监管的问题上还需要进一步研究。

三、改革监管文化，在保持稳定基础上鼓励业务创新

与西方成熟的金融市场相比，我国金融创新相对是比较少的。商业银行长期以来形成的相对稳健的以风险管理为基调的文化，与以创新为主要特征的资产管理业务完全不同，使得银行理财与其他类型资产管理机构相比，显得创新步伐不够快。创新是资产管理业务的灵魂，没有创新精神的银行理财业务不可能在竞争中获得优势。

维护金融稳定和推动金融改革是监管的"一体两翼"。在银行理财激烈竞争的市场环境中，面对其他资产管理机构咄咄逼人的竞争，我们建议监管部门以推动银行理财稳健发展为出发点，将维护金融稳定与推动金融创新有机结合，为银行理财业务创造一个公平、有效的市场环境。可以按照功能监管和行为监管的原则，遵照市场化监管的思路，避免监管过度和监管真空：在目标上，要明确理财监管的风险管理要求和合规管理要求，在手段上，保持合理的管理边界，既不为银行违规行为埋单，也不放任不管。加强监管标准化、规范化、程序化和透明化建设，为一致性监管提供制度保障：对银行理财实行准入管理、分级管理、持牌经营。可参考国际资产管理业务对管理人的要求实行牌照管理，要求理财投资审批与银行自营业务相互隔离，建立理财产品与自营业务交易的监控体系，保护投资者利益。防范产品设计能力不足、风险控制能力差、投资管理能力低的金融机构蜂拥进入理财市场，产生劣币驱逐良币问题。

应对银行理财创新采取包容态度，积极引导、允许试错，去除对创新失败零容忍。建议监管部门在理财创新上加强管理：一是对现有创新工具进行综合考虑，对稳定和改革需要以及发展前景做一次评估，对于前景好的创新要形成制度规范以鼓励其发展，对不符合改革方向、不利于金融稳定的创新应予以停止。二是积极鼓励创新。我国金融创新相对较少，从理论

上讲理财业务未来将囊括资产负债、交易及衍生品在内的更广泛的领域。正是基于这样的市场发展趋势判断，券商、基金、保险行业已率先针对理财业务提出了一系列鼓励创新的机制，而且一些相关产品已经开始侵蚀银行理财产品的市场份额。此时如不积极把握机遇，趁势而上，银行在未来的市场竞争中将有可能处于劣势地位。三是做好创新评估分析。建议监管部门分析和评估创新行为，并提出相关监管要求和建议。

通过建立风险管理能力与监管许可相匹配的机制，实现监管对银行理财风险的动态管理。高评级银行相比低评级银行，在试办新的业务类型、发行新的理财产品、产品报告等多个方面具有更大的优先权或自由度。只有具备一定条件的银行才可以持牌开展特定业务。例如，有全面能力的大型银行做全牌照的资产管理人，债权、股权、权益类产品及衍生产品都可以投资，要求这些银行的运作模式、风控能力、信息披露、人才队伍、IT系统都达到良好水平，这是最高层次的第一类牌照；第二类牌照允许银行开发相对简单的理财产品，相应地对银行的管理能力适当放宽标准；第三类牌照只能做代销，不能自主开发产品。三级持牌，分类监管，有利于督导低评级银行向标准靠拢和明确改进方向，有利于提升整个银行理财业务的管理水平和加强风险控制。

第三节　规范市场环境，实现公平竞争、规范运作、有序发展

从统一监管和公平竞争的原则出发，要推动银行资产管理业务的持续发展，就要为各类型资产管理业务主体创造一个公平、有效的市场环境，以弥补分业监管条件下的不公平竞争缺陷。

一、为银行资管业务提供公平的投资机会

建立公平竞争环境更重要的是要求资本市场向商业银行理财产品开放，并享有资本市场的平等待遇。当前，我国无论是在宏观层面还是微观基础都存在负债比例过高、亟须去杠杆的需求，通过资本市场推动资产证券化已成为必然选择。在社会融资体系降低银行间接融资、扩大资本市场直接融资的转型过程中，让商业银行通过银行理财进入资本市场，与资本市场协同发展是最佳解决方案。

一是要规范组合投资理财管理模式。理财法律主体资格明确后，单一理财产品将具有合法有效的法律资格，与其他主体的交易就要执行公平原则，按照公允价格交易。这样资金池管理模式就失去了存在的基础，有利于引导银行理财业务向组合投资管理模式转型。资金池模式背离了理财业务本质，不利于投资者利益的维护和不同投资者间风险隔离，建议监管部门严格禁止。

二是要明确银行理财资金的投资范围。由于没有明确合法的投资范围，银行理财的创新活动被随意解读，限制了银行理财创新的步伐，因此有必要对银行理财资金的投资范围做出明确界定。要发挥信用风险管理优势，允许理财投资非公开市场交易的非标准化债权，允许理财独立投资货币市场工具，允许银行理财在证监会主管的交易所开户，直接投资股权资产及场内衍生品。

三是制定银行理财投资管理办法。建议监管部门尽快颁布银行理财投资管理办法，为银行理财投资提供操作依据。建议参照券商资管和基金专户理财将投资范围明确到具体品种的做法，以明示列举的方式规定银行允许投资的具体底层基础资产范围，避免"打擦边球"的事件反复发生。投资管理办法应明确理财资金投资的风险措施，对错配比例和久期等风险管

理指标提出明确要求，提升银行理财风险管理水平。

四是解决银行理财的投资渠道和交易效率问题。一方面要解决银行理财在已经涉足的证券市场、期货市场、债券市场等方面的投资渠道效率问题；另一方面要积极推进通过银行理财扩大信贷资产证券化规模，为银行理财拓展一条符合监管要求的有效投资渠道，并解决银行资产负债表不断膨胀的压力。此外，解决银行理财在新的投资领域，如 REITs、衍生品、私募股权市场等方面的准入问题。目前银行理财产品在银行间债券市场仅限开丙类账户，债券交易极不顺畅，无法满足理财产品债券的投资和交易需求，近期又爆出丙类账户违规交易等风险事件，因此要尽快解决开立非法人乙类账户问题：银行理财无法直接参与股票和交易所债券市场的投资，只能通过信托进行间接投资，需要尽快降低交易成本。随着银行理财创新步伐不断加快，投资范围日益广泛，外汇市场、贵金属市场延伸、衍生品市场、私募股权投资市场等新的投资标的已陆续进入或即将进入银行理财的投资范围，解决好银行理财在这些新领域的投资渠道，将大大推动银行理财产品创新的进程。

二、完善自律规范，建立有序的市场竞争秩序

行业自律程度的高低是衡量银行理财市场发展和行业成熟与否的一个重要标志。2012 年 7 月，中国银行业协会理财业务专业委员会作为理财行业的自律组织正式成立，其宗旨是依法维护银行业和会员单位的合法权益，完善理财业务自律管理体系，促进银行业理财业务的持续、健康发展，将成为中国银行理财业务监管体系的重要组成部分，也是监管机构之外构建规范的竞争秩序的有益补充。

自律组织是行业整体利益的代表。理财业务专业委员会要代表行业，将行业自律管理和服务牢牢地建立在依靠全体会员整体力量的基础上，争

取和维护行业的合法权益，营造有利于行业稳定发展、良性竞争的市场环境。一是制定行业自律公约，推动公约实施和执行，依法维护成员的合法权益，推广应用《商业银行销售银行理财产品与代销理财产品的规范标准和销售流程》、《商业银行理财客户风险评估问卷基本模版》及《商业银行理财产品宣传示范文本》等，规范业务运营；二是配合监管部门重点工作，起到参谋和助手的作用，把监管意图和政策趋向传导给成员单位，同时反馈成员单位的问题、意见和需求，为监管部门决策提供信息和建议。

在具体的作用上：

一是构建交流合作机制，发挥自律组织沟通平台作用。建立健全成员单位之间的沟通交流机制，提升银行理财行业凝聚力，加强成员单位之间业务信息交流的畅通，充分发挥理财业务专业委员会的沟通平台作用。要组织研究理财行业相关的政策与法规，讨论理财产品分类标准、核算办法和工作指引等，形成行之有效的研究成果，推动理财产品创新和服务创新。要定期统计、分析业务数据及发展情况，建立理财业务信息交流平台，实现成员单位信息共享。要建立与媒体的交流、对话、合作机制，做好与媒体的互动，不断优化银行理财外部环境；要开展具有重大影响的宣传策划活动，培育和开发潜在市场，提高银行理财社会认知度；要协调解决成员单位存在的问题，促进成员单位业务合作。

二是提升财富管理能力，发挥自律组织引导推动作用。理财业务专业委员会应积极倡导商业银行从"受人之托，代为理财"的业务本质出发，努力建设可持续发展的业务模式。要鼓励商业银行发挥专业优势，真正为投资者做好全面的财富规划，引导投资者投向具有真实投资价值的领域，实现财富的保值增值。理财业务专业委员会要通过组织业务培训、专题论坛、课题研讨、国际交流等活动，促进从业人员提高专业技能和管理水平。

三是组织投资者教育，发挥自律组织宣传维权作用。理财业务专业委员会既要维护行业利益，又要超越行业利益，把维护行业利益和保护广大投资者权益有机结合起来。首先，要在理念上加深对投资者利益保护的认识。无论是从现实情况看还是从长远发展看，投资者是行业发展的基础，维护投资者信心是协会自律组织代表行业整体最大利益的直接反映。其次，要指导和引领整个行业切实采取措施，规范对投资者的风险揭示流程，真正实现"卖者有责，买者自负"。最后，要从做好投资者的基础教育工作入手，督导会员单位把以风险揭示为主要内容的投资者教育工作融入理财营销的业务流程，通过制作教育宣传品、定期组织各类投资者教育工作座谈会、研讨投资者教育评价体系、推动投资者教育纳入国民教育体系等方式提高投资者教育水平。

第四节　建立健全相关配套制度，夯实资管发展基础

一、完善基础核算制度体系，规范管理要求

（1）修订理财产品统计核算办法。一是要明确核算原则。建议监管机构明确禁止银行将保证收益类理财核算为存款，并明确理财投资范围，严格要求一个理财产品一个托管账户。二是要明确核算标准。从理财产品自身的合同条款出发，建议由监管部门制定专门指引，明确理财产品担险或不担险性质的核算标准，规范会计核算。银行如对资金承担经济责任就是表内业务，而只收取手续费、代理费，且资金损失或达不到预期收益，银行不承担经济责任的就属于表外业务，对于不符合转移标准的理财所投资的资产必须纳入表内核算。

（2）制定理财产品托管核算制度。一是要制定理财托管管理办法，从账户开立、资金清算、证券结算、会计核算、资产估值、投资监督和托管报告等方面完善理财托管制度建设，进一步加强理财产品的管理，明确托管人在理财产品管理中的职责。二是为了更好地对理财产品进行投资管理、结算交割，维护理财产品的独立性，保证理财产品财产安全，建议监管部门协调制定商业银行理财产品的银行间债券账户开立细则，规范银行间债券的登记结算。三是制定商业银行理财产品会计核算与估值办法。实行统一标准，避免估值的随意性，公允反映理财产品的价值。针对新的投资品种及时发布估值政策和标准，规范理财产品投资品的确认与计量，保护投资者的合法权益。

二、加强公众风险教育，提升客户认知水平

我国商业银行理财业务健康持续发展的关键是要充分发挥监管规定的导向作用，积极调动商业银行的自律精神，持续强化投资者的自我教育，统筹兼顾、多措并举，才能打造一个透明、规范、健康的银行理财市场。监管机构、商业银行，特别是专业媒体等机构应当发挥自身优势，通过各种形式加强公众金融素质教育，让投资者真正认识理财产品的特性，特别是"买者自负"的含义，促使投资者从被动接受信息披露向主动关注信息披露转变，加大投资者教育，培养合格的理财投资者，推动理财市场走上健康持续发展之路。首先，在工作理念上加深对投资者利益保护的认识。无论是从现实情况看还是从长远发展看，投资者是行业发展的基础，维护投资者利益、保障投资者信心是行业整体利益的直接反映。其次，在客户端要切实采取措施，规范对投资者的风险揭示流程，让投资者真正理解"卖者有责，买者自负"的含义，使银行理财的投资客户真正成为合格、成熟的市场投资者。最后，在银行端要把以风险揭示为主要内容的投资者

教育融入理财营销、管理的各个业务环节中，把充分揭示风险作为银行的一项核心工作来抓，只有银行真正充分揭示了风险，客户才有可能承担投资的风险。

三、健全信息披露制度规定，建立有效披露机制

（1）要增加公募理财产品信息披露频次。根据产品运作周期，做到产品成立时有成立报告，存续期有持续性的信息披露，到期后有到期报告，发生临时重大或风险事件时有临时信息披露。实现信息披露全面、持续地覆盖产品从成立至到期的全过程。

（2）要丰富理财产品信息披露内容。根据产品类型和风险等级对信息披露内容进一步完善：细化产品投资对象披露，充分向投资者公布产品具体的投资品明细，避免语言含糊或简略造成投资者的误解；细化产品运作情况分析，充分向投资者公布产品具体的投资操作和策略，揭示产品的运作管理状态，实现信息披露内容根据产品风险等级程度和结构复杂程度做到充分、详尽的披露。

（3）拓展理财产品信息披露方式。除银行网站、营业网点公开发布外还可以发展网上银行、手机银行、邮件、传真、电话等多种定向告知方式，通过公开披露与定向告知等多种披露方式，实现信息披露的公开、透明。

（4）夯实理财产品信息披露管理，商业银行要尽快建立起适应理财业务的信息披露制度体系，通过健全分工明确、流程清晰、责任到位的信息披露管理机制，为各类理财产品信息披露管理提供制度保障。

（5）加强代销产品信息披露管理，应比照本行理财产品加强对代理销售的基金、保险、债券等产品的信息披露管理，不仅要充分评估代理销售机构的资质和代理销售产品的特性，而且要按照监管要求，在代销合约中明确双方的信息披露责任，确保信息披露内容及时送达投资者。

第六章　结论与展望

第一节　本书主要研究结论

通过研究分析，本书得出如下结论：

一、商业银行资管业务的发展阶段

如果把中国商业银行资产管理业务这十多年的发展分成两个阶段，笔者以为，以类贷款为特征的银行理财产品阶段为银行资管的 1.0 时代。协同化、专业化，强调主动投资与大类资产配置能力，从经营产品向经营客户转型、管理产品向管理流程转型的大资管时期可称为银行资管的 2.0 时代，这也是目前中国商业银行资产管理行业正在经历的时代。在移动互联网、大数据、云计算及互联网金融的冲击下，未来中国商业银行资管 3.0时代将在"互联网+"的思维模式下借助大数据、云计算构建出以平台化、数字化（智能化）、跨界融合、强调共享的产品体验以及去中心化的推广模式为特征的共享经济生态协同新模式。

二、商业银行资管业务的法律关系应界定为信托关系

根据现行《信托法》和《基金法》的规定，只有信托产品和基金产品是基于信托关系产生的金融产品，其他资产管理关系并不属于信托关系，不受《信托法》调整和保护。同时《商业银行法》规定，商业银行不得从事信托业务。但实践中，从银行资产管理本质来看，银行理财法律关系完全符合信托法律关系的特征。《信托法》应当作为资产管理业务的上位法。

三、大资管时代的监管由以机构监管为主向与功能监管并行转变

所谓机构监管，是指根据金融机构类型作为划分监管权限的依据，即同一类型金融机构均由特定的监管者监管：银行监管由银监会负责，券商监管由证监会负责，保险公司监管由保监会负责。这是历史上金融机构分业监管的模式。功能监管的基本理念是，相似的功能应当受到相似的监管，而不论这种功能是由哪个监管部门行使。

在过去金融机构业务单一的情况下，金融机构之间界限清晰，业务重叠或交叉较少发生，按机构监管或按业务（功能）监管并无本质区别。但是，金融机构业务多元化、跨界综合经营，尤其是金融控股集团的出现，给分业监管带来极大的挑战。特别是 2015 年爆发的股市局部危机反映出现有的监管框架存在着明显的不适应我国金融业发展的体制性矛盾，必须要实行功能监管与机构监管并行，来解决机构监管因监管标准的差异性而出现的监管套利和监管博弈问题。

四、建立互联互通的市场机制和公平的资产管理环境

建立互联互通的市场机制和公平的资产管理环境是要求资本市场向商业银行理财产品开放，并享有资本市场的平等待遇。银行资管业务在资本市场上受到更多的限制，这与商业银行稳健经营的原则有关。

当前，我国无论在宏观层面还是微观基础都存在负债比例过高、亟须去杠杆的需求，通过资本市场推动资产证券化已成为必然选择。在社会融资体系降低银行间接融资、扩大资本市场直接融资的转型过程中，让商业银行通过银行理财进入资本市场，与资本市场协同发展是最佳解决方案。

五、以提高综合服务能力为出发点搭建资管业务的组织架构

当前，银行资产管理业务的组织架构也在不断进行探索和调整，正在按照"二级部——一级部—事业部—子公司"的路径逐步向前摸索。商业银行资管业务围绕着投融资需求，需要内部投行部、私人银行部（财富管理部）、金融市场部等分支行多部门的协同，实践中，部门利益至上、流程重叠交叉、协调成本高、信息沟通不畅等问题时有发生，协同难度相当大，如果采取子公司模式可能会更难做到部门之间的协同和资源共享。因此，各家银行应当从如何提升综合服务能力出发，根据内部的实际情况来考虑设置资管事业部还是资管子公司的问题。

第二节　未来研究思路的展望

由于资产管理行业正在快速转型过程中，新形势、新挑战不断出现，限于笔者个人的能力和精力，本书的研究没有能够完全解决这个领域所有的问题，未来值得继续深入研究的方面主要有：

一、如何打破刚性兑付的问题

继 2014 年中诚信托兑付危机发生，上海太阳能债券"刚性兑付"亦被打破。频现的兑付危机无疑给市场敲醒了警钟。这种兑付危机是否会传递到主要以债券、信托等固定收益类资产为主要投资标的的银行理财产品？银行可否以低于最高预期收益率的收益来兑付？从银行理财产品的到期历史数据来看，银率网数据显示，2013 年披露到期收益率的理财产品中，共有 172 款产品未达到最高预期收益率，其中 89% 的产品为结构性理财产品，11% 为信托类投资产品。按照银监会发布的"35 号文"中"打破刚性兑付"的精神，这个问题答案似乎是肯定的。

但是，在国内"代客理财、风险自负"的理财文化尚未形成的背景下，尽管央行在规范银行理财产品关联交易方面有监管规则，银行基于声誉和维稳的考虑，仍利用关联交易、续发产品等手段保证理财产品的到期兑付。如何真正实现理财产品资产管理的本质，培养"代客理财"的理财文化，这是需要在实践中解决的问题。

二、对资管行业的统一监管如何组织实施的问题

随着金融业改革发展和对外开放程度的不断提高，我国金融业发展表现出明显的综合经营趋势和金融创新特征，分业监管的有效前提受到侵蚀。在银监会、证监会、保监会的现行机构监管体系下，最需要引入功能监管的就是资产管理行业。实践中，虽然有"一行三会"的联席会议制度，但是这个制度更多的是定期协调，一旦突发性事件或危机出现时，这个制度很难发挥作用。目前，政府和市场均对加强功能监管达成了共识，但具体方案将受制于现有监管部门之间的协调和人员的妥善安排。

三、互联网金融冲击下的资管模式创新问题

目前互联网金融分为两大阵营：持牌金融机构和非持牌金融机构。非持牌机构拥有更为宽松的监管环境，创新动力强，风格也较持牌机构激进。笔者注意到，非持牌金融机构所代表的互联网金融，还处于利用传统金融（利用互联网技术）的延伸阶段，实际运营模式还是传统金融思维，相当一部分的互联网金融只是将业务从网下搬到网上，是披着"互联网外衣"的传统金融，只能大量通过"监管套利"来维持运转。

无论余额宝通过同业协议存款与居民个人存款利差获得收益，还是基于担保或销售模式的P2P公司，将线下转至线上的业务，所从事的都是金融业务，但却因为有互联网的"外衣"而暂时不受监管。随着市场透明度的提高，各种创新模式的本质越来越为市场和监管部门所了解。监管部门的确要有足够的包容，允许试错，但一旦对创新形成定性的认识，就要考虑如何鼓励和规范以创造公平公正的竞争环境问题。

四、商业银行资管业务架构选择问题

当前，银行资产管理业务的组织架构也在不断进行探索和调整，正按照"二级部——一级部—事业部—子公司"的路径逐步向前摸索。2013年底，交通银行率先推行资管业务事业部改革，目前已有450多家银行完成事业部改制。2015年，以光大银行为首开始尝试探索资管业务子公司制。

从风险隔离而言，资管业务部门注册成独立法人机构，实现银行资产管理业务从制度、资本、机构、人才管理上的真正隔离，除有自己的资本金外，所有的人员管理、投资风险控制都由资管公司独立完成，真正彻底地贯彻"栅栏原则"。

从银行角度而言，资产管理是一项轻资产业务，市场化的考核和薪酬激励机制是留住人才的重要手段。在传统银行内部，即使事业部改革有部分薪酬激励安排，但仍需考虑银行总体水平，步伐迈得较小。资管子公司独立运作，就可以设计与公募基金、券商资管等类似的市场化考核激励机制的条件，创造出大体相当的竞争条件。

从资管投向和打造产品管理竞争力而言，在银行的理财计划还不能大面积进入股市或权益类市场的情况下，通过设立资产管理子公司，可以拓宽银行理财投资的范围，丰富产品线，培育权益类产品的管理能力，为客户提供有竞争力的投资回报。但是商业银行成立资产管理子公司，在实践中存在两个棘手的问题：

（1）内部协同问题。目前，商业银行普遍采取总分支的结构，资管业务对总行母体和分支行的渠道依赖程度高，采用事业部的方式有利于内部部门之间的协调，但即使是在事业部制的架构下，资管部门与行内投行、财富管理、零售部门以及分支行之间仍然存在部门利益、业绩考核、收入分配等多方面问题，难以协同达到一体化经营。如设立独立的资管子公司，不仅使母公司在协调和控制上处于两难境地，而且在原本协同效应就缺乏的情况下，可能反而不利于银行整体综合经营战略的施行。

（2）监管主体的问题。银行设立的资产管理子公司在监管上如何协调？是由证监会监管、银监会监管，还是二者按照各自监管范围进行监管？银行设立子公司属于银监会监管范畴。如若该子公司利用理财资金投资证券业务，证监会能否监管？机构监管和业务监管如何协调？在国外很多国家都是机构监管和功能监管双线并行，如信托产品归银监会监管，设立母子基金公司归证监会监管。这一问题理论上并无障碍，然而实践中如何统一各部门监管细则恐怕也是需要深入探讨才能解决的问题。

参考文献

巴曙松：《资产管理：基金公司突破点》，《资本市场》2007 年第 6 期。

巴曙松、陈华良等：《2012 年中国资产管理行业发展报告》，中国人民大学出版社 2012 年版。

巴曙松、陈华良等：《2013 年中国资产管理行业发展报告》，中国人民大学出版社 2013 年版。

巴曙松、陈华良等：《2014 年中国资产管理行业发展报告》，中国人民大学出版社 2014 年版。

巴瑞·易臣格瑞、刘士余：《金融危机的防范与管理》，经济科学出版社 2003 年版。

宫哲、洪金明：《互联网理财对商业银行资产管理业务影响探析》，《农村金融研究》2015 年第 2 期。

黄韬：《我国金融市场从"机构监管"到"功能监管"的法律路径——以金融理财产品监管规则的改进为中心》，《法学》2011 年第 7 期。

黄飙：《政策松绑》，《泛资管时代来临》，《长城证券行业研究报告》，2013 年第 3 期。

洪锦屏、罗毅：《资产管理行业专题报告》，招商证券研究所，2011 年第 9 期。

蒋霞、罗志华：《信托制度在我国代客理财市场中的定位研究》，《西南金融》2012 年第 3 期。

姜建清:《资产管理业务与商业银行转型》,《21 世纪经济报道》2007 年 11 月。

刘向东:《信托理财产品与其他金融理财产品的盈利比较》,《银行家》2011
　　年第 2 期。

刘显峰:《国际金融资产管理及对我国银行理财业务的启示》,《中国金融》
　　2005 年 7 期。

李兴智、王延明:《私人银行的盈利模式研究:手续费型与管理费型》,
　　《国际金融研究》2010 年第 4 期。

李振江:《银行资管业务还是一个比较新的业务,存四个方面挑战》,财经
　　网, http://economy.caijing.com.cn/20150620/3909701.shtml, 2015 年 6
　　月 20 日。

刘俊:《理财业务专题研究:从佣金和资管到真正的理财服务》,长江证券
　　研究部,2012 年 8 月。

刘路:《商业银行经营转型及其个人理财业务研究》,博士学位论文,西南
　　财经大学,2008 年。

刘士余:《股份制商业银行公司治理相关法规释义》,中国金融出版社 2003
　　年版。

刘士余:《银行危机与金融安全网的设计》,经济科学出版社 2003 年版。

刘士余:《美国金融监管改革概论》,中国金融出版社 2011 年版。

刘士余:《金融稳定监测与管理》,中国金融出版社 2012 年版。

赖小民:《后危机时代金融控股公司模式选择研究》,中国金融出版社 2013
　　年版。

楼文龙:《银行资产管理业务发展趋向》,《中国金融》2014 年第 20 期。

孙冉:《商业银行发展互联网金融理财的机遇与挑战》,《新金融》2015 年第
　　8 期。

邵子钦、田良:《资产管理专题研究:券商资产管理的机遇与挑战》,国信
　　证券研究部,2012 年 7 月。

苏薪茗：《银行理财业务机制研究》，中国会科学院出版社 2015 年版。

吴琴伟、冯玉明：《中外资产管理业务的比较与启示》，《证券市场导报》
　　2004 年第 8 期。

王明德：《放松管制助推盈利模式及券商转型》，东兴证券研究所，2012 年
　　10 月。

吴耀：《大资产管理时代背景下的保险业突围》，华泰证券研究，2013 年 1 月。

王晓天、张淑娟：《我国商业银行介入基金管理问题研究》，《国际金融研究》
　　2004 年第 12 期。

王聪、于蓉：《美国金融中介资产管理业务发展及启示》，《金融研究》2005
　　年第 7 期。

王聪、于蓉：《关于金融委托理财业演变的理论研究》，《金融研究》2006 年
　　第 2 期。

王丽丽：《商业银行资产管理业务实践与探索》，中国金融出版社 2014 年版。

王洪凌：《金融理财方式比较与保险理财优势》，《企业导报》2012 年第 20 期。

王曙光、张春霞：《互联网金融发展的中国模式及其创新》，《中国农村金融》
　　2014 年第 2 期。

王硕、李强：《互联网金融客户行为研究及对商业银行转型的思考》，《当代
　　经济管理》2015 年第 5 期。

王胜邦：《国际金融危机与金融监管改革》，中国金融出版社 2013 年版。

王哲：《"泛资管时代"商业银行资产管理业务发展趋势研究及建议》，《北
　　京金融评论》2015 年第 1 期。

徐学明：《银行主动拥抱大资管时代》，新浪财经，http：//finance.sina.com.
　　cn/money/fund/20150327/101821825151.shtml，2015 年 3 月 27 日。

严骏伟：《国际化资产管理是理财业务发展的必然趋势》，《第一财经日报》
　　2007 年第 8 期。

杨家才：《信贷管理新论》，中国金融出版社 2010 年版。

杨军华:《转型与发展——中国金融资产管理公司竞争力分析》,中国金融出版社 2012 年版。

杨凯生:《银行改革攻坚(热点·难点·重点)》,中信出版社 2015 年版。

余红征:《中国资产管理法律实务》,厦门大学出版社 2013 年版。

张燕姣:《对商业银行发展资产管理业务的思考》,《农村金融研究》2008 年第 9 期。

张春子、张兴胜等:《分论坛一:财富管理与客户营销》,《银行家》2010 年第 9 期。

朱小黄:《价值银行》,中信出版社 2014 年版。

朱玉辰:《大资管时代银行转型五思路》,《21 世纪经济报道》2014 年 8 月 30 日。

朱才斌:《金融理财方式比较与保险理财优势》,《中国市场》2009 年第 52 期。

赵意奋:《金融机构受托资产管理统一监管研究》,博士学位论文,华东政法大学,2012 年。

山东银监局课题组:《商业银行资产管理业务发展转型管研究》,《金融监管研究》2015 年第 3 期。

智信资产管理研究院:《中国资产管理行业发展报告(2014)》,社会科学文献出版社 2014 年版。

智信资产管理研究院:《中国资产管理行业发展报告(2015)》,社会科学文献出版社 2015 年版。

中国银行业协会:《2014 年中国银行业理财业务发展报告》,中国银行业协会工作论文,2015 年 5 月 25 日。

中国金融理财市场发展报告课题组:《2007 年中国金融理财市场报告》,国务院发展研究中心金融研究所,2008 年。

中信证券研究部金融产品组:《金融产品市场新格局与财富管理策略》,2012 年 12 月。

Ai-Gek Beh and George Abonyi, *Structure of the Asset Management Industry*: *Organizational Factor in Portfolio investment Decisions*, ISEAS Working Paper, 2000 (06).

BIS, *The Settlement Risk in the Foreign Exchange*, March 1996.

Bemstein, Peter, *The Enlightening Struggle Against Uncertainty*, Financial Times, April 25, 2000.

Bookstaber, *Richard*, *Understanding and Monitoring the Liquidity Crisis Cycle*, 2000, *Association for Investment Management and Research*, September/October 2000.

Chriss, Neil A. et al., *Getting A Grip on Risk*, Global Equity and Derivative Markets, January 1998.

Coy, Peter, *Commentary*: *Leverage*, *Business Week*, October 12, 1998.

Euromoney, *The Eve of Destruction*, November 1998.

Goldman Sachs and SBC Warburg, *The Practice of Risk Management*, *and Derivative Markets*, January 1998.

Flood, Eugene and Ramachandran, Narayan, *Integrating Active and Passive Management*, The Journal of Portfolio Management, Fall 2000.

Ineichen, Alexander M., *In Search of Alpha*, Global Equity Research, UBS Warburg, October 2000.

Ingo Walter, *The Global Asset Management Industry*: *Competitive Structure*, *Conduct and Performance*, Working Paper Series from New York University, 1998 (2).

Julian Franks & Colin Mayer & Oxford Economic Research Associates Ltd., *The Risks and Regulation in European Asset Management*: *Is there a Role for Capital Requirements*, 2005 (1).

Litterman, Robert, *The Green Zone -Assessing the Quality of Returns*,

Investment Management Reseach, Goldman Sachs, March 2000.

Litterman, Robert, *RISk Budget*, Investment Management Reseach, Goldman Sachs, March 2000.

Mantegnar & Stanley, *An Introduction to Econophisics*, Cambridge University Press.

Mehrling, Perry, *The Vision of Hyman P. Minsky*, *Journal of Economic Behavior and Organization*, 1999 (39).

Mehrling, Perry, *Minsky and Modem Finance*, *The Journal of Portfolio Management*, Winter 2000.

Modigliani, Leah, *RISk -Adjusted Performance*, Global Equity and Derivative Markets, November 1997.

Muralidhar, Arun S., *Risk -Adjusted Performance*: *The Correlation Corrections*, Association for Investment Management and Research, September/October 2000.

Natenberg, Sheldon, *Option Volume and Pricing*, Irwin Professional Publishing Peskin, 1994.

Michael et al., *Why Hedge Funds Make Sense*, Quantitative Strategies Morgan Stanley Dean Witter, November 2000.

Purcell, Dave, *The Reality of Hedge Funds*, Warburg Dillon Read, October 30, 1998.

索引

后　记

博士后学　实证研究　银行资管　蓬勃发展
跨界融合　互联平台　业务转型　模式创新
保基信券　联动使然　多元投融　百舸争先
金融创新　系统风险　监管变转　刻不容缓

先生立题　言一言理　丹青妙笔　行云流水
知行合一　亲身践行　踏石积累　屡诲创意
余文浅薄　言理呆拙　缺漏补疑　亦步亦趋
即拜恩泽　感激不已　不妥难免　不吝赐教

专家推荐表

第五批《中国社会科学博士后文库》专家推荐表

推荐专家姓名	徐忠	行政职务	局长
研究专长	金融学	电　话	
工作单位	中国人民银行研究局	邮　编	
推荐成果名称	我国商业银行资产管理业务的发展趋势与生态环境研究		
成果作者姓名	姚良		

（对书稿的学术创新、理论价值、现实意义、政治理论倾向及是否达到出版水平等方面做出全面评价，并指出其缺点或不足）

　　姚良同志具有银行业、证券公司以及金融监管机构的丰富的从业经验，具有跨市场的经营管理战略思维与风险管理前瞻意识。姚良同志所著《我国商业银行资产管理业务的发展趋势与生态环境研究》视野相当宏大，对我国商业银行资产管理业务的发展趋势与生态环境进行了深入详尽的研究，形成了把金融中介理论、金融抑制与利率市场化理论和监管博弈与监管套利理论等与商业银行资产管理业务实践有机结合的研究分析框架。这一研究成果对于当前正在进行的市场化格局重构的中国资产管理行业而言具有十分重要的借鉴作用，有助于为正处在"转型困惑期"的资产管理机构寻找转型突破口提供参考。

　　书稿首先回顾了资产管理业务的理论基础与相关文献，之后探讨了我国商业银行资产管理业务快速发展的动因、面临的挑战和未来趋势，研究了银行资管业务的生态环境，最后提出研究结论和对未来进行展望。书稿中提出的"银行资管业务呈现'五化'趋势"、"从'四大'环境要素入手，构建健康有序的商业银行资产管理行业生态圈"以及"商业银行资产管理业务的法律关系应界定为信托关系"等内容，都是作者对于其投身商业银行资产管理业务的观点精炼总结。

　　作者从实践出发直面当前银行发展资管业务面临的突出问题与四大挑战，同时提出的互联网金融与资产管理业务相结合的 3.0 发展模式为当前我国商业银行面对的跨市场风险与互联网金融带来的机遇与挑战为切实提升我国商业银行资产管理业务的健康有序发展与核心竞争力构建新环境下资产管理业务发展里程碑的奠基。全书高屋建瓴，在兼具理论价值的同时，为商业银行资产管理业务的未来发展也提供了有益的现实指向，具有极高的参考价值，达到出版水平，我乐于向同仁推荐。

签字：徐忠

2015 年 12 月 30 日

说明：该推荐表由具有正高职称的同行专家填写。一旦推荐书稿入选《博士后文库》，推荐专家姓名及推荐意见将印入著作。